verbesserte Auflage

Fujiko Ogasawara
Chizuko Nagai

Supergut!

Ein kommunikatives
Lehrwerk
für Anfänger

Niveau
A1.1

SANSHUSHA

🎧▶000　カラオケのトラックです（発話者の1人になって練習できます）

はじめに

　本書は、日本で必ずしもドイツ語を専門としない学生が、少しでもドイツ語で会話ができるように、また、後々「ドイツ語を大学で勉強し、少しは話せます」と言えるように作成しました。文法は段階的に学ぶようにし、特にアウトプットに必要な語彙、表現を多く扱いました。そして、多くのアクティビティやゲームを盛り込んでいます。語彙の記憶を促す「VC (Vokabelchallenge) コーナー」、日本語を使わず、とにかくドイツ語だけでサバイバルしてみる「チャットコーナー」は各課に登場しますので、ぜひ楽しんでください。

　この教科書で学んだ後、自己紹介、家族や趣味についての話ができるだけでなく、自分がどこに出かけて何をしたかなど、過去のできごとも表現できるようになっているはずです。そこまでできれば、ドイツ語圏へ通じる扉は大きく開かれます。ドイツ語を使って会話をする機会のない人も、SNS などを通じてドイツ語でのやりとりが簡単にできる時代です。

　今回大きく改訂した部分があります。まず、初版では週2回1年間の授業で教科書を終えるように設定してありましたが、週1回1年間で学べるように構成しました。また、全面的に内容を見直し、教科書部分には授業内で扱う内容（リスニング、発音、語彙と表現、会話、ゲーム、文法のまとめ）を、別冊には一人で自宅学習できる内容（練習問題、語彙の確認、振り返りシート）をまとめました。

　ドイツ語を話す機会は限られるので、授業中には間違いを恐れず積極的に発話し、新しい外国語学習を楽しんでください。

　今回の改訂にあたり、校正にご協力いただいた Anna Juliane-Ishihara 先生に深く感謝いたします。

著者一同

Das Autorenteam

Inhaltsverzeichnis

Wortfelder	Aussprache	Grammatik
Begrüßungen Zahlen Länder	Alphabet	Verbkonjugation　動詞の語尾変化(1) Fragen　疑問文(1) Präpositionen　前置詞(1)
Begrüßungen Befinden	l / r	das　紹介の das Fragewörter　疑問詞 wie/wer/woher/wo Fragen　疑問文(2)
Hobbys Sprachen	sp / st / sch / Vokal+h	Verbkonjugation　動詞の語尾変化(2) unregelmäßige Verben　不規則動詞(1) du/Sie Wortposition 語順 Ja/Nein/Doch
Familie Charakter Berufe	b / w m / n	Verbkonjugation　動詞の語尾変化(3) Possessivartikel　所有冠詞 mein, dein Personalpronomen 人称代名詞
Lebensmittel	o / u	Verbkonjugation　動詞の語尾変化(4) unregelmäßige Verben　不規則動詞(2) Singular und Plural 名詞の複数形 definiter Artikel, indefiniter und negativer Artikel 定冠詞と不定冠詞と否定冠詞の 4 格
Wochentage Uhrzeit	e / i	unregelmäßige Verben　不規則動詞(3) Präpositionen　前置詞(2) Personalpronomen 人称代名詞 definiter Artikel und indefiniter Artikel 定冠詞と不定冠詞(3 格)
Möbel Zimmer Elektrogeräte	Vokal + ch	Modalverben　話法の助動詞(1) Verbkonjugation　動詞の語尾変化(5) Präpositionen　前置詞(3) Personalpronomen 人称代名詞 es gibt + 4 格
Fahrzeuge	au / äu / ei / eu	trennbare Verben　分離動詞(1) unregelmäßige Verben　不規則動詞(4) Präpositionen　前置詞(4)
Farben Kleidung	-b / -d / -g	Modalverben　話法の助動詞(2) trennbare Verben　分離動詞(2) Präpositionen　前置詞(5)
Gegenstände Monate Jahreszeiten Temporale Ausdrücke	f / v / w	Perfekt　現在完了形(1) Präteritum　過去形 (sein, haben) dieser/welcher
	ä / ö / ü	Perfekt　現在完了形(2)
Sehenswürdigkeiten Jahreszahlen (1980, 2007...)	Kurzvokale 短母音 + ss Langvokale 長母音 / Doppelvokale 二重母音 + ß	Personalpronomen 人称代名詞

Einstiegsphase Hallo!

Guten Tag! Mein Name ist Mari Nagase.
Wie heißen Sie?

Hallo! Ich heiße Keita Takahashi. Freut mich!

Freut mich!

Lesen Sie kurz den Text. Sprechen Sie in der Gruppe. テキストを読んで、グループで話し合いましょう。

Wolfgang Amadeus Mozart, der überwiegend mit Wolfgang Amadé Mozart unterschrieb, (27. Jänner 1756 in Salzburg, Fürsterzbistum Salzburg, HRR; †5. Dezember 1791 in Wien, Erzherzogtum Österreich, HRR), war ein Salzburger Musiker und Komponist der Wiener Klassik. Sein umfangreiches Werk genießt weltweite Popularität und gehört zum Bedeutendsten im Repertoire klassischer Musik.

Welche Wörter können Sie vermuten?
どの単語を推測できますか。

Was ist das Thema?
テーマは何でしょう。

Wo haben Sie ähnliche Texte gesehen?
どこでこのようなテキストを見たことがありますか。

Sie wissen viel mehr als Sie denken.
みなさんが思っているよりずっと多くのことを理解できましたね。その知識をドイツ語学習にも役立てましょう。

🎧 ▸002 **Was bedeutet das? Ordnen Sie zu.** どんな意味でしょう。英語と結び付けましょう。

Guten Morgen. •	• My name is ...
Ich komme aus ... •	• I am 20 years old.
Freut mich. •	• I come from ...
Wohnen Sie in Berlin? •	• Good morning.
Mein Name ist ... •	• Do you live in Berlin?
Ich bin 20 (zwanzig) Jahre alt. •	• Nice to meet you.

Guten Tag!

Lernziele　学習目標
begrüßen　挨拶をする
sich kurz vorstellen　簡単な自己紹介をする
Zahlen lernen　数を覚える

1 Hören

🎧 003 **A** Hören Sie das Gespräch und markieren Sie die Wörter.　会話を聞いて、聞こえたものに○をしましょう。

| Guten Tag! | Baum | Deutschland | aus Bonn | und |

| wie | Österreich | Japan | wohne | Alter |

B Sprechen Sie mit Ihrem Nachbarn.　隣の人と意見を交換しましょう。

Wo?
どこで会話をしていますか。

Was?
どのような内容ですか。

Warum?　どうしてそう思いますか。
自分のどんな知識を用いましたか。
例：英語との類似点、雰囲気など

Aussprache 🎵 Sprechen Sie.　発音してみましょう。

🎧 004 Alphabet　アルファベート

A	B	C	D	E	F	G	H	I	J
K	L	M	N	O	P	Q	R	S	T
U	V	W	X	Y	Z	Ä	Ö	Ü	ß

2 Wortschatz und Ausdruck

> どういう意味でしょうか。
> 「それでは失礼します。」「じゃあね！」「やあ！」は？

🎧▶005 **A** Begrüßungen 挨拶

Guten Morgen!	Guten Tag!	Guten Abend!	Gute Nacht!

Hallo!	Tschüs!	Auf Wiedersehen!	Auf Wiederhören! （電話で）

🎧▶006 **B** Zahlen 数：Sprechen Sie. 発音しましょう。発音の難しい単語は何度でも確認しましょう。

0 null	1 eins	2 zwei	3 drei	4 vier	5 fünf

6 sechs	7 sieben	8 acht	9 neun	10 zehn

🎧▶007 **C** Lernen wir weiter Zahlen. さらに数字を覚えましょう。

> 6 と 16 は？
> 7 と 17 は？
> 英語の-**teen** は？

11 elf	12 zwölf	13 dreizehn	14 vierzehn	15 fünfzehn

16 sechzehn	17 siebzehn	18 achtzehn	19 neunzehn

Finden Sie die Regeln. 数字 0 から 19 までのルールを見つけましょう。

🎧▶008

> 2 と 20 は？
> 30 ？

20	zwanzig	30	dreißig	100	(ein)hundert
21	einundzwanzig	40	vierzig	1.000	(ein)tausend
22	zweiundzwanzig	50	fünfzig	10.000	zehntausend
23	dreiundzwanzig	60	sechzig	100.000	(ein)hunderttausend
24	vierundzwanzig	70	siebzig	1.000.000	eine Million
25	fünfundzwanzig	80	achtzig		
26	sechsundzwanzig	90	neunzig		
27	siebenundzwanzig				
28	achtundzwanzig				
29	neunundzwanzig				

> 英語の-**ty** は？

Finden Sie die Regeln. 20 から 29 までのルールを見つけましょう。

3 Dialogtext

🎧▶003
🎧▶090
🎧▶091
🎧▶092

Guten Tag!

B: Tim Bauer K: Keita Takahashi M: Mi Young Kim

B: Guten Tag! Mein Name ist Tim Bauer. Ich komme aus Deutschland, aus Berlin.
Und ich wohne in Tokio. Ich bin 35 (fünfunddreißig) Jahre alt.
Und wie heißen Sie?

K: Guten _____ ! Ich heiße Keita Takahashi. Ich komme aus Hokkaido in Japan.
Ich _____ 18 (achtzehn).

B: Freut mich, Herr Takahashi. Und Sie?

M: Mein Name ist Mi Young Kim. Ich komme aus Korea und _____ in Kamakura.
Ich bin 20 (zwanzig) Jahre alt.

B: Freut mich, Frau Kim.

M: Freut mich, Herr Bauer.

A Hören Sie noch einmal den Dialog und ergänzen Sie die Lücken.
会話をもう一度聞いて、空欄を埋めましょう。

B Sprechen Sie den Dialog.　発音してみましょう。

C Variieren Sie den Dialog.　会話の内容を変えて練習しましょう。

D　**1 Min. Chat**　⏱ Schließen Sie das Buch und stellen Sie sich vor.
教科書を閉じて、ドイツ語で自己紹介をしましょう。

> 会話の順番はこの通りでなくても、
> 間違えても、沈黙してもOK！日本語は使わないこと。
> Chatの時間を測ります。　✔

Strategie

Versuchen Sie zuerst simultan mit der Aufnahme zu sprechen. Lesen Sie dann so schnell
wie möglich den Dialog mit Ihrem Nachbarn.　まずは音声と同時に発音してみましょう。次にストップ
ウォッチを使ってタイムを測ります。ペアでできるだけ速く読みます。

das erste Mal　（1回目）____ Minute(n)（分）____ Sekunde(n)（秒）

das zweite Mal　（2回目）____ Minute(n)　　____ Sekunde(n)

Hören Sie am Ende noch einmal den Dialog.　最後にもう一度会話を聞きましょう。

Haben Sie verstanden?（聞き取れましたか？）□ Perfekt. □ Gut. □ Es geht. □ Unverändert.
　　　　　　　　　　　　　　　　　　（完璧）　　（良い）　　（まあまあ）　（変化なし）

9

4 Spiele

A **Aussprache** Ordnen Sie zu. 分類しましょう。

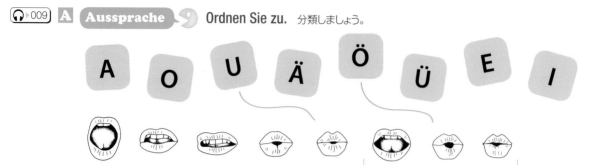

ウムラウトつき

B Ihr Lehrer buchstabiert einige Wörter. Schreiben Sie und raten Sie!
先生の言う綴りを書きとりましょう。

L: T-O-K-I-O

S: 東京

> Wer die meisten richtigen Antworten hat, gewinnt.
> 多く正解した人の勝ち！

C Buchstabieren Sie etwas. Der Nachbar schreibt und rät.
ドイツ語で綴りを言いましょう。隣の人は書きとり、当てます。

A: N-A-M-E   B: 名前

A: T-S-C-H-Ü-S   B: バイバイ

 D Bilden Sie Paare. A sagt auf Deutsch eine Zahl und B sagt auf Japanisch die Zahl. Sie haben 45 Sekunden. Wer mehr sagt, gewinnt. Kennen Sie nicht das Wort? Dann sagen Sie einfach „Ich passe!". Kontrollieren Sie nach dem Spiel die richtigen Antworten.

ペアになり、Aが数字をドイツ語で、Bがその日本語を言います。45秒で多く答えた人の勝ち。わからなければ「パス！」答え合わせは45秒の後にまとめて行います。

A: acht   B: 8

A: eins   B: Ich passe!

A: drei   B: 3
⋮   ⋮

E Schreiben Sie die Telefonnummer, Handynummer, Matrikelnummer, Postleitzahl usw.
適当な携帯番号、学籍番号、郵便番号をパートナーが書きとりましょう。

F Bilden Sie Gruppen und spielen Sie.   グループを作り、数字でゲームをしましょう。

① Addieren Sie jeweils drei, bis die Zahl 99 erreicht wird. Die schnellste Gruppe gewinnt.
数字を3ずつ足して99になるまで言いましょう。早く言えたチームの勝ち！

② Subtrahieren Sie jeweils 7 von 100, bis die Zahl 2 erreicht wird.
100から7ずつ引いて2になるまで言いましょう。

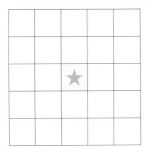 **BINGO-Spiel: Schreiben Sie Zahlen von 0 bis 99. Ihr Lehrer sagt Zahlen. Hören Sie und wiederholen Sie die Zahlen.** 0 から 99 までの数を記入します。先生が言う数をよく聞いて繰り返しましょう。

H Stellen Sie sich vor. 次の人物になって、自己紹介をしましょう。

Name: **Maria Lang**
Alter: **25**
Wohnort: **Bonn**
Herkunft: **Deutschland**

Name: **Mei Ling**
Alter: **18**
Wohnort: **Peking**
Herkunft: **China**

I Machen Sie fünf Visitenkarten und tauschen Sie sie mit den Klassenteilnehmern aus.
名前と出身（都道府県）、居住地を書いた名刺を 5 枚作り、クラスメートと交換しましょう。名刺交換するときには、挨拶をします。

Name: _____
Alter: _____
Wohnort: _____
Herkunft: _____

最後に Freut mich! とお互いに言いましょう。

J Stellen Sie sich in der Gruppe vor. グループで自己紹介をしましょう。

Begrüßung 挨拶 ➡ Name 名前 ➡ Herkunft 出身地 ➡ Wohnort 居住地 ➡ Alter 年齢

010 **K** Was sind die 9 Nachbarländer von Deutschland? Wo spricht man Deutsch als Amtssprache?
ドイツの隣国は 9 つあります。日本語では何でしょう。ドイツ語が公用語になっている国には○をしてください。

*Belgien / Holland (die Niederlande) / Polen / Dänemark / Tschechien / Österreich /
die Schweiz / Luxemburg / Frankreich*

011 **L** Wo spricht man Deutsch als Amtssprache? ドイツ語が公用語のところがあります。どこでしょう？

Liechtenstein / Italien / die Türkei / Spanien / Russland

011 **M** Welches Land ist etwa so groß wie Japan? 日本とほぼ同じ面積の国はどこですか。

Österreich / die Schweiz / Deutschland / Liechtenstein

5 Grammatikübersicht

Ⅰ 動詞の語尾変化（1）

動詞の不定形（英語の原形）の語尾は、ほとんどが-enです。

wohnen　kommen　heißen

-enを取ってから、それぞれの人称に対応する語尾を付けます。

ich の場合　　wohnen → wohnen → wohne

主語	wohnen	kommen	heißen
ich（私）	wohne	komme	heiße
du	wohnst	kommst	heißt
er/sie/es	wohnt	kommt	heißt
wir	wohnen	kommen	heißen
ihr	wohnt	kommt	heißt
Sie（あなた）	wohnen	kommen	heißen
sie	wohnen	kommen	heißen

大文字で書き始めるのは、
①文の始め
②「あなた」のSie
③名詞

変化が特別な動詞として、英語のbe動詞にあたるseinがあります。

主語	sein	主語	sein
ich	bin	wir	sind
du	bist	ihr	seid
er/sie/es	ist	sie	sind
Sie	sind	Sie	sind

Mein Name ist Tim Bauer.

主語に合わせて覚えましょう。

Mein Nameは表のer/sie/es（3人称単数）のerに当たります。

Ⅱ 疑問文（1）

疑問詞が文頭に置かれ、続く語順は、動詞、主語の順になります。

<u>Wie</u> heißen Sie?
– Ich heiße Keita Takahashi.

疑問詞がない場合は、動詞が文頭に置かれ、次に主語がつづきます。
Wohnen Sie in Tokio?

Ⅲ 前置詞（1）

aus + 国／地名　　aus Deutschland　ドイツから
in + 　国／地名　　in Kamakura　鎌倉に

Wer ist das?

1 Hören

🎧 012 **A** Hören Sie das Gespräch und markieren Sie die Wörter. 会話を聞いて、聞こえたものに○をしましょう。

Danke, gut.   unter   auch   auf   Bär

Lehrerin   Freut mich!   wo   Bohne   Österreich

B Sprechen Sie mit Ihrem Nachbarn. 隣の人と意見を交換しましょう。

| Wie viele Personen?
登場人物は何人ですか。 | Situation?
どのような状況ですか。 | Warum?
どうしてそう思いますか？ |

🎧 013 **Aussprache**   Sprechen Sie! 発音してみましょう。

l   Hallo elf leben Lehrer lesen

r   Frau rot drei Lehrerin Russland

> l 必ず舌の先を上あごにつけます。lで終わる場合、しばらく舌を離さない
>   ようにします。
> r 水を口にふくまないで上を向いてうがいをするように、喉を震わせます。
>   巻き舌でも構いません。

2 Wortschatz und Ausdruck

🎧▸014

A Was bedeutet das? どのような意味でしょう。

A: Woher kommen Sie?   B: Ich komme aus _____ .

A: Wo wohnen Sie?   B: Ich wohne in _____ .

Japan	England
Deutschland	Frankreich
Österreich	Spanien
die Schweiz	Italien
die Türkei	China
die USA (Amerika)	Korea

> ✓ スイス、トルコは上の文では冠詞が der、
> アメリカ合衆国は den になります。

B Ordnen Sie zu. 疑問詞を結んでみましょう。

wo	woher	was	wie	wer

where ... from	how	what	who	where

C Ergänzen Sie die Lücken. 空欄を埋めましょう。

Name 名前	Wie _____ Sie?	Ich _____ .
Vorname 名		Mein Name _____ Mari Nagase .
Familienname 姓		Mein Vorname _____ Mari .
		Mein Familienname _____ Nagase .
Herkunft 出身地	_____ kommen Sie?	Ich komme _____ .
Wohnort 居住地	_____ wohnen Sie?	Ich wohne _____ .

🎧▸015

D Ordnen Sie die Bilder den Wörtern zu. 「元気ですか?」と聞かれたときの答えを絵と組み合わせましょう。

Wie geht's? / Wie geht es Ihnen?

Super!	Sehr gut!	Nicht so gut.	Es geht.	Gut!

> これだけは覚えましょう！　A: Wie geht's?
> B: Danke, gut. Und Ihnen?
> A: Danke, auch gut.

14

3 Dialogtext

Wer ist das?

S: Anna Schulze K: Keita Takahashi M: Mari Nagase

S: Guten Tag, Herr Takahashi! Wie geht's?

K: Danke, gut. Und Ihnen?

S: Danke, auch _____. Oh, wer ist das?

K: Das ist meine Freundin, Mari Nagase.

    Mari, das ist meine Lehrerin, Frau Schulze.

M: Freut mich, Frau Sch.... Entschuldigung, wie heißen Sie? Noch einmal, bitte.

S: Klar. Ich buchstabiere Schulze, S-C-H-U-L-Z-E. Schulze.

M: Aha, _____. Freut mich, Frau Schulze.

S: Freut mich, Frau Nagase. Woher kommen Sie?

    Kommen Sie aus Tokio?

M: Nein, aus Osaka. Aber ich wohne jetzt in Kanagawa.

K: Sie kommen aus _____, oder?

S: Ja, ich komme aus Österreich, aus Wien.

A Hören Sie noch einmal den Dialog und ergänzen Sie die Lücken.
会話をもう一度聞いて、空欄を埋めましょう。

B Sprechen Sie den Dialog.　発音してみましょう。

C Variieren Sie den Dialog.　会話の内容を変えて練習しましょう。

D **1 Min. Chat** Schließen Sie das Buch und variieren Sie den Dialog!
教科書を閉じて、会話の内容を変えて練習しましょう。

15

4 Spiele

A **Aussprache** 🎤 **Der Partner sagt ein Wort. Hören Sie das Wort.** `1/r-Übung`
パートナーが発音します。読まれた単語に印をつけましょう。

1) ☐ rot ☐ laut 4) ☐ rund ☐ Lust

2) ☐ rauchen ☐ laufen 5) ☐ Reis ☐ leise

3) ☐ Rad ☐ Land

B **Memorieren Sie die Länder.** 国を覚えましょう。

A: Japan B: 日本

A: die Schweiz B: スイス

A: Spanien B: スペイン

C **Würfeln Sie und antworten Sie auf die Frage.** さいころを振って答えましょう。

A: Wie geht's? ⚀ B: Super, danke. Und Ihnen?

⚀ Super! ⚄ Es geht.

⚁ Sehr gut. ⚄ Nicht so gut.

⚂ Gut. ⚅ Schlecht.

D **Wählen Sie eine Karte und machen Sie Fragen. Ihr Nachbar antwortet.**
A がカードを選びそのカードが答えになる疑問文を作り、B はカードを使って答えましょう。

A: Wie heißen Sie? │ Anna Schmidt │ B: Ich heiße Schmidt, Anna Schmidt.

│ Anna Schmidt │ │ Gut, danke! │ │ Es geht. │

│ In Korea │ │ Aus Japan │ │ Yoko Tanaka │

E **Fragen Sie Ihren Partner. Die Antwort soll mit ja oder nein sein. Hören Sie die Fragen genau und reagieren Sie schnell.** ペアで、Ja-Nein-Frage を使って相手のことを聞きましょう。相手の質問をよく聞いて間を置かずにすぐ答えましょう。

A: Kommen Sie aus Deutschland?

B1: Nein, ich komme nicht aus Deutschland.

B2: Nein, ich komme aus Japan.

┌─────────────┐
│ 否定文を作る │
│ nicht = not │
└─────────────┘

F Beliebte Namen

Beliebte Mädchennamen in Deutschland　ドイツで人気の女の子の名前のベスト3を当てましょう。

Laura	Emilia	Lena	Julia	Lina
Anna	Ella	Sarah	Ida	Leonie

👑1 _____

👑2 _____

👑3 _____

Beliebte Jungennamen in Deutschland　ドイツで人気の男の子の名前のベスト3を当てましょう。

Felix	Elias	Jonas	Emil	Theo
Liam	Markus	Anton	Paul	Linus

👑1 _____

👑2 _____

👑3 _____

Häufige Familiennamen　ドイツ語圏に多い姓

Müller	Schmidt	Schneider	Fischer	Weber
Meyer	Wagner	Becker	Schulz	Hoffmann

Welcher Name ist Ihr Lieblingsname?　お気に入りの名前を作ってみましょう。

_____　_____

5 Grammatikübersicht

I 紹介の das

Das ist meine Freundin.　こちらは私の友達（女性）です。

II 疑問詞 wie/wer/woher/wo

Wie geht's?	元気ですか？
Wer ist das?	こちらはどなたですか？
Woher kommen Sie?	あなたはどこから来たのですか？／出身はどこですか？
Wo wohnen Sie?	あなたはどこに住んでいますか？

III 疑問文（2）

疑問詞のない場合（Ja/Nein-Frage）

Kommen Sie aus Tokio?　– **Ja**, ich komme aus Tokio.

– **Nein**, ich komme nicht aus Tokio.

または **Nein**, ich komme aus Österreich.

疑問詞のある場合

Wer ist das?　– Das ist <u>meine Freundin</u>.

> **mein** Freund　私の男性の友達
>
> **meine** Freundin　私の女性の友達

🎧 ▶017

Strategie

Zustimmen　同意

Genau! その通り。	**Kein Problem!** 大丈夫。
Richtig! そうですね。	**Alles klar!** 了解。
Das glaube ich auch. 私もそう思います。	**Okay!** オーケー。
Ich auch! 私も。	

Was machst du gern?

Lernziele　学習目標
über Hobbys und Interessen sprechen
趣味と関心事について話をする

▐ Hören

(🎧 018) **A** Hören Sie das Gespräch und markieren Sie die Wörter.　会話を聞いて、聞こえたものに○をしましょう。

| wie | acht | Fußball | schade | sagen |

| lieber | Frankreich | doch | Nacht | okay |

B Sprechen Sie mit Ihrem Nachbarn.　隣の人と意見を交換しましょう。

Was?
どのような内容ですか。

Warum?
どうしてそう思いますか。

Sonst?
ほかに何が聞こえましたか。

(🎧 019) **Aussprache**　Sprechen Sie!　発音してみましょう。

sp	sprechen　Sport　spielen　spazieren　Computerspiele
st	stark　Straße　stehen　Liechtenstein
sch	die Schweiz　schwimmen　Entschuldigung!　schon
Vokal（母音）＋h	fahren　gehen　Auf Wiedersehen!　nehmen

🎧 020 **A** Sprechen Sie über Ihre Hobbys und Interessen. Ordnen Sie zu.

趣味や関心事について話してみましょう。イラストと単語を組み合わせましょう。

Französisch lernen   ins Kino gehen   Musik hören   Computerspiele spielen

ins Museum gehen   lesen   ins Konzert gehen   Rad fahren   tanzen

singen   reisen   spazieren gehen   ins Restaurant gehen

ins Theater gehen   ins Café gehen   Comics lesen   Fußball spielen

---

Ich schwimme / koche gern.

Ich gehe gern in die Kneipe / in die Karaoke-Bar / in die Oper.

Ich gehe gern ins Café / ins Kino.

Ich spiele gern Baseball / Tennis / Klavier.

Ich gehe gern spazieren / essen / trinken.

Meine Hobbys sind kochen und Englisch sprechen.

3 Dialogtext

Was machst du gern?

K: Klaus M: Mari

K : Tag, Mari!

M: Hallo, Klaus! Wie geht's?

K : Danke, sehr gut. Und _____ ?

M: Auch gut, danke. Was machst du hier?

K : Ah, ich spiele heute Fußball.

Spielst du auch gern _____ ?

M: Nein. Ich mache nicht _____ Sport. Ich lese lieber zu Hause und ich

lerne auch gern Sprachen. Ich lerne jetzt Französisch und Chinesisch.

K : Was? Lernst du gern? Wow, sprichst du Französisch und Chinesisch??

M: Ja. Ich spreche gut Französisch und ein bisschen Chinesisch. Warum? Ich lerne

Sprachen, denn ich reise gern. Lernst du nicht gern Sprachen?

K : Doch, doch, aber…. ich gehe lieber ins Kino.

M: Ah, das mache ich auch gern. Gehen wir dann zusammen ins Kino?

K : Okay!

denn　というのは

A Hören Sie noch einmal den Dialog und ergänzen Sie die Lücken.
会話をもう一度聞いて空欄を埋めましょう。

B Sprechen Sie den Dialog.　発音してみましょう。

C Üben Sie den Dialog mit „Sie".　du と Sie を変えて練習しましょう。

D Variieren Sie den Dialog.　会話の内容を変えて練習しましょう。

E Sprechen Sie über sich selbst.　会話に沿って自分のことを言ってみましょう。

F **1.5 Min. Chat** 💬 Schließen Sie das Buch und sprechen Sie frei über Ihre
Hobbys.　教科書を閉じて、趣味について自由に会話しましょう。

4 Spiele

🎧 021 **A** **Aussprache** 🎵 ‖ sp/st/sch–Übung ‖ ‖ Vokal + h–Übung ‖

① **Zungenbrecher** 早口言葉

Ich spiele Tennis und schwimme in der Schweiz.

Ich spreche gern Sprachen, besonders Spanisch und mache gern Sport.

🎧 022 ② **Was hören Sie? Kreuzen Sie an.** 聞こえたほうに×印をつけましょう。

1) ☐ sehen — ☐ See

2) ☐ nehmen — ☐ Name

3) ☐ fallen — ☐ fahren

4) ☐ sprechen — ☐ spielen

B „du" oder „Sie"? 次の相手には du と Sie どちらを使いますか?

1) クラスで話し合うとき (in der Klasse) → ....

2) 家族の場合 (in der Familie) → ....

3) 神様にお願いするとき (zu Gott beten) → ....

4) 先生に質問するとき (den Lehrer fragen) → ....

5) 猫に話しかけるとき (Katzen ansprechen) → ....

6) 買い物をするとき (beim Einkaufen) → ....

> **du** と **Sie** をどう使い分けますか。
> du を使うのは? ....
> Sie を使うのは? ....

C Wiederholen Sie die Länder in Lektion 2 und schreiben Sie die Sprachen.
国を表す名詞からことばを表す名詞を作りましょう。

🇬🇧 England → Englisch   ▬ Deutschland → ....

🇫🇷 Frankreich → Französisch   🇨🇳 China   → ....

🇪🇸 Spanien → ....   ● Japan   → Japanisch   ┌ 語末の特徴は? ┐
                                                          └ .... ┘
🇮🇹 Italien → ....   🇰🇷 Korea   → ....

VC

① A: Deutschland B: Deutsch   ② A: ドイツ語   B: Deutsch

A: China   B: Chinesisch   A: イタリア語   B: Italienisch

D Machen Sie Karten und schreiben Sie die Sprachen oder Länder. Sagen Sie sie auf Japanisch. 言語や国名のカードを作り、ペアで日本語にしてみましょう。

Chinesisch   Frankreich   Deutschland   Koreanisch   Spanien

E Wie gut sprechen Sie Deutsch?

どの程度ドイツ語が話せますか？

gut ☺   nicht so gut ☹   ein bisschen ☺   super ☺   sehr gut ☺

A: Sprechen Sie gut Italienisch?   B: Nein, aber ein bisschen.

A: Sprechen Sie super Englisch?   B: Ja, und auch gut Deutsch.

F Stellen Sie Fragen.   質問をしてみましょう。

ungerade Zahl (奇数)   → du

A: Gehst du gern ins Kino?   B: Ja, ich gehe gern ins Kino.

gerade Zahl (偶数)   → Sie

A: Fahren Sie gern Rad?   B: Nein, ich fahre nicht gern Rad.

fahren, lesen
などの人称変化
（→S.24）

G Würfelspiel   すごろく   Benutzen Sie die Wörter und machen Sie einen Satz.

指定の単語を使って文を作りましょう。

START	Fußball spielen	sehr gut Englisch sprechen	ins Museum gehen	Filme sehen
Mein Hobby ist ins Konzert gehen.				kochen
lesen	gut Deutsch sprechen	spazieren gehen	ein bisschen Französisch lesen	schwimmen
tanzen		Ich gehe gern essen.		
essen gehen	trinken gehen	Rad fahren	Auto fahren	Musik hören
Ich spreche gut Spanisch.				reisen
ZIEL	Comics lesen	Karaoke singen	ins Restaurant gehen	arbeiten

H Sammeln Sie Informationen über den Partner und berichten Sie sie in der Gruppe.

パートナーについて情報を集め、グループで報告しましょう。

5 Grammatikübersicht

I 動詞の語尾変化 (2) と不規則動詞 (1)

動詞の語尾変化に2人称 du (君) が加わります。

du の場合：spiel**en** → spiel~~en~~ → spiel**st**

新しく不規則動詞 fahren, sprechen, lesen を加えます。

特に du の変化では語尾だけでなく語幹も少し変わるので、覚えてしまいましょう。

主語	spiel**en**	mach**en**	reis**en**	fahr**en**	sprech**en**	les**en**
ich	spiel**e**	mach**e**	reis**e**	fahr**e**	sprech**e**	les**e**
du (君)	spiel**st**	mach**st**	reis**t**	fährst	sprichst	liest
er/sie/es	spiel**t**	mach**t**	reis**t**	fährt	spricht	liest
wir (私たち)	spiel**en**	mach**en**	reis**en**	fahr**en**	sprech**en**	les**en**
ihr	spiel**t**	mach**t**	reis**t**	fahr**t**	sprech**t**	les**t**
Sie	spiel**en**	mach**en**	reis**en**	fahr**en**	sprech**en**	les**en**
sie	spiel**en**	mach**en**	reis**en**	fahr**en**	sprech**en**	les**en**

II du と Sie の使い分け　※学生同士は du で、先生には Sie で話しかけましょう。

du で話しかける場合：家族、親しい友人、学生同士など、精神的に近い人
Sie で話しかける場合：一般的な間柄、年齢が上、社会的地位が上の相手など

Woher kommen Sie, Herr Bauer? – Ich komme aus Deutschland.

Woher kommst du, Kenta? – Ich komme aus Japan.

III 語順

主語から始まる文	主語＋動詞＋主語以外…	Ich spiele heute Fußball.
主語以外から始まる文	主語以外＋動詞＋主語…	Heute spiele ich Fußball.
		Das mache ich auch gern.

IV Ja / Nein / Doch の使い方

Spielst du gern Fußball? ── Ja, ich spiele gern Fußball.
　　　　　　　　　　　　　 Nein, ich spiele nicht gern Fußball

Spielst du nicht gern Fußball? ── Doch, ich spiele gern Fußball.
　　　　　　　　　　　　　　　 Nein, ich spiele nicht gern Fußball.

---

gern　Was machst du gern? / Was machen Sie gern?　　gern 😃

　　　　 Ich gehe gern ins Kino.

　　　　 Ich gehe nicht gern ins Kino　　　　nicht gern 🙁

Das ist meine Familie.

Lernziele 学習目標

Familie vorstellen (Alter, Hobby, Charakter usw.)
家族の年齢や趣味、性格などを紹介する

1 Hören

🎧 023 **A** Hören Sie das Gespräch und markieren Sie die Wörter. 会話を聞いて、聞こえたものに○をしましょう。

Familienname	schön	Eltern	Vater	Hausmann
Blume	Schüler	hübsch	immer	Musiker

B Sprechen Sie mit Ihrem Nachbarn. 隣の人と意見を交換しましょう。

Wo sprechen sie? どこで話していますか。
□in Kamakura □zu Hause □an der Universität

Wer spricht? 誰が話していますか。
□Freunde □Familie □Student[in] und Lehrer[in]

🎧 024 **Aussprache** 🗣 Sprechen Sie. 発音してみましょう。

b	Bruder Oberschule Beamter ein bisschen bitte
w	Wie bitte? wo wann Wirtschaft Wien
m	Mutter Musikwissenschaft mein Mann Medizin
n	nett eins Naturwissenschaften Universität Kellner

b/m	口を閉じます。
w	上の歯を軽く下唇に当てます。
n	口を軽く開けて舌は上あごにつけます。

2 Wortschatz und Ausdruck

⏺ 025 **A** **Mehr Wortschatz!** 語彙を増やしましょう。

■ Charakter und Aussehen (性格と外見): Ich bin ...

nett   lustig   locker   intelligent   streng   hübsch   schön

interessant↔langweilig   sympathisch↔unsympathisch

laut↔ruhig   schlank/dünn↔dick   jung↔alt

⏺ 026 ■ Berufe (職業・身分): Ich arbeite als ... / Ich jobbe als ... / Ich bin ...

Student/Studentin   Schüler/Schülerin   Lehrer/Lehrerin   Arzt/Ärztin

Hausmann/Hausfrau   Angestellter/Angestellte   Beamter/Beamtin

Verkäufer/Verkäuferin   Kellner/Kellnerin   Ingenieur/Ingenieurin

■ Schule und Studium (学校と学業)

in der Schule _____(学校名) / an der Uni (Universität) _____(大学名).

Ergänzen Sie die Lücken. 自分のことを補ってみましょう。

Ich bin _____ (性格や身分).

Ich studiere an der Uni _____(大学名) _____(専攻).

Ich jobbe als _____ (アルバイトの職種).

⏺ 027 **B** **Was bedeutet das? Ordnen Sie zu.** どのような意味でしょう。組み合わせましょう。

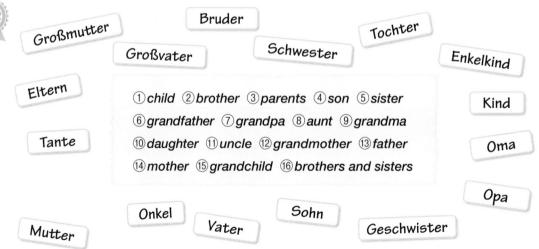

Das ist meine Familie.

T: Tim A: Anna

🎧 023
🎧 098
🎧 099

T: Das ist meine _____ .

A: Oh, wo ist das? Bist du da in Kamakura, Tim?

T: Nein, das ist in Nikko.

A: Schön!

T: Ja, und das sind meine Eltern. Das ist meine _____ und das ist mein

Vater. Sie wohnen in Osaka. Meine Mutter ist sportlich und spielt gern Tennis.

Sie ist Hausfrau. Mein Vater ist lustig und er singt gern. Er ist Angestellter.

Meine Oma hier arbeitet als Lehrerin.

A: Ah! Und wer ist das? Ist das dein Bruder?

T: Ja, genau. Ich habe einen Bruder. Er heißt Uli und ist erst 13.

Er lernt viel und ist gut in der Schule. Und das ist meine Schwester.

A: Oh, sie ist sehr hübsch.

T: Na ja, aber sie ist immer laut. Sie studiert _____ und lernt Italienisch.

A: Aha, interessant.

A Hören Sie noch einmal den Dialog und ergänzen Sie die Lücken.
会話をもう一度聞いて、空欄を埋めましょう。

B Sprechen Sie den Dialog.　発音してみましょう。

C Variieren Sie den Dialog.　会話の内容を変えて練習しましょう。

D **1.5 Min. Chat** C Zeichnen Sie Ihre Familie oder zeigen Sie ein Familienfoto.
Schließen Sie das Buch und variieren Sie den Dialog.
自分で描いた家族のイラストか家族写真を見ながら、教科書を閉じて、自由に話
しましょう。家族についての内容は本当でなくて構いません。

あいづち等はS. 41

Ich studiere ....

Ich jobbe als ....

Ich habe einen Bruder.

Ich habe eine Schwester.

Ich habe keine Geschwister.

4 Spiele

A **Aussprache** 🎧 **Sprechen Sie zuerst langsam und dann schnell.** 最初はゆっくりと、それから速く発音しましょう。   `b/w, m/n-Übung`

🎧 028

☐ Wie bitte?   ☐ Ich weiß nicht.   ☐ Ich trinke Wein und esse Brot.

☐ Wo bist du?   ☐ Was brauchen Sie?   ☐ Was wünschen Sie?   ☐ Bist du Wilhelm?

🎧 029

速く発音するときは力を抜いて、口の動きを小さくします。

Meine Mutter trinkt gern Weißwein.

Meine Kinder spielen im Wald.

Wir lernen in der Bibliothek an der Uni.

B **Ergänzen Sie.** 日本語をドイツ語にしましょう。

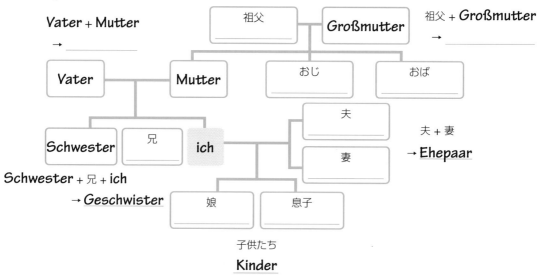

C **Stellen Sie Ihre Familie vor.** 家族を紹介しましょう。

> Eltern: Jonas (Angestellter), 48 und Anne (Hausfrau), 45
> Bruder: Mark (Student), Politik, in Bremen
> Hund: Pero, 5
> Katze: Mimi, 3

> Das sind meine Eltern.
> Mein Vater heißt _____ .
> Er _____
> _____ .

D Zeichnen Sie Ihre Familie und machen Sie eine Familienvorstellung (Beruf, Alter, Studienfach ...).　絵を描いて、家族紹介をしましょう。職業、年齢、専攻など、相手の家族について質問しましょう。

A: Ist das deine Familie?

B: Ja, das ist ....

A: Und wie alt ...?

B: Mein Vater ist 49 Jahre alt.

E Bilden Sie eine Familie. Stellen Sie Ihre Familie vor.
架空の家族を作り、グループで自分の立場から家族紹介をしましょう。性格や職業も加えてみましょう。

A (Vater) : Das ist meine Frau. Sie ist nett. Das sind meine Kinder.

　　　　　　Das ist mein Sohn und das ist meine Tochter.

B (Sohn) : Das ist mein Vater. Er ist ein bisschen streng und arbeitet als Lehrer.

F Was sind die beliebtesten Berufswünsche?　なりたい職業は何でしょう？

① **Mädchen und Jungen (Kinder)**　　　　　　　　　　Aubi-plus 2019

Mädchen	Jungen
Sängerin	Fußballprofi
Lehrerin	Feuerwehrmann
Tierärztin	Polizist
Schauspielerin	Astronaut
Kinderkrankenschwester	Pilot

② **Die beliebtesten Berufe bei 15-jährigen Teenagern**　　Tagesschau 22.01.2020

Mädchen	Jungen
Psychologin	IT-Spezialist
Lehrerin	Polizist
Erzieherin	Automechaniker
Krankenschwester	Industriemechaniker
Ärztin	Lehrer

私は…を専攻しています。

私は…のアルバイトをしています。

私には兄弟が一人います。

私には姉妹が一人います。

私には兄弟姉妹がいます。

私には兄弟姉妹がいません。

5 Grammatikübersicht

I 動詞の語尾変化 (3)

この課では3人称er(彼)、sie(彼女)、es(それ)が加わります。
さらに基本的な語尾変化の例外arbeitenを覚えましょう。

er/sie/esの場合 arbeiten → arbeit~~en~~ → arbeitet eを加える

duの場合 arbeiten → arbeit~~en~~ → arbeitest eを加える

主語	singen	studieren	arbeiten	sein
ich	singe	studiere	arbeite	bin
du	singst	studierst	arbeitest	bist
er/sie/es (彼/彼女/それ)	singt	studiert	arbeitet	ist
wir	singen	studieren	arbeiten	sind
ihr	singt	studiert	arbeitet	seid
Sie	singen	studieren	arbeiten	sind
sie (彼ら)	singen	studieren	arbeiten	sind

II 所有冠詞 mein (私の)、dein (君の) の1格 (主語)

名詞の性別に合わせて変化します。
男性名詞、中性名詞は mein, 女性名詞、複数名詞は meine
所有冠詞は不定冠詞 (→L.5) (英語の a, an) の仲間です。

	男性名詞	女性名詞	中性名詞	複数
所有冠詞	mein Freund dein Vater	meine Freundin deine Mutter	mein Kind dein Kind	meine Eltern deine Eltern
不定冠詞	ein Freund	eine Freundin	ein Kind	——

> ✔ 不定冠詞 ein/eine/ein は一人の友達、ある友達などの意味となり、複数には付けません。

III 人称代名詞 Sie と sie

Sie(あなた、あなたがた)、sie(彼女、彼ら、彼女ら、それら)をしっかり区別しましょう。文頭ではどちらも大文字です。動詞で判別すること、前後関係で何を指しているのかを判別することが必要です。

Einkaufen im Laden

Lernziele 学習目標

einkaufen, nach Preisen fragen und die
Antwort verstehen
買い物をする、値段を聞く

1 Hören

🎧 030 **A** Hören Sie das Gespräch und markieren Sie die Wörter. 会話を聞いて、聞こえたものに○をしましょう。

Grüß Gott!   Servus!   Packung   kaufen   Märchen

Käse   hoch   Europa   suchen   gleichfalls

B Sprechen Sie mit Ihrem Nachbarn. 隣の人と意見を交換しましょう。

Situation?
どのような状況ですか。

Was sprechen sie und warum
glauben Sie das?
どのような内容でしょう。またどうしてそう思いますか。

🎧 031 **Aussprache** Sprechen Sie. 発音してみましょう。

o   Obst Orange Zitrone Brot Tomate Schokolade
u   Kuchen Wurst Nudeln Gurke gut Es tut mir leid.

| o | 口を丸めて、奥から息を出します。下あごがu の時より下がります。 |
| u | 口を丸めて、奥から息を出します。 |

🎧 032 **A** Was bedeutet das? Ordnen Sie zu. Verbinden Sie die Wörter mit den Bildern.
どのような意味でしょう。単語と絵を組み合わせましょう。

das Gemüse, -

das Obst

das Getränk, -e

---

das Obst	die Orange, -n der Apfel, ¨ die Erdbeere, -n die Banane, -n
	die Zitrone, -n
das Gemüse, -	der Salat, -e die Tomate, -n die Kartoffel, -n
	die Zwiebel, -n die Gurke, -n
das Getränk, -e	der Wein der Saft der Kaffee das Wasser
	die Milch der Tee

das Fleisch   der Fisch, -e   die Wurst, ¨e   der Schinken, -   das Brot, -e

das Brötchen, -   die Pizza, Pizzen   der Reis   die Nudeln (Pl.)   der Kuchen, -

die Schokolade   das Eis   das Ei, -er   die Butter   der Käse

---

eine Flasche   eine Dose   eine Packung   ein Stück
zwei Flaschen   zwei Dosen   zwei Packungen   zwei Stück

3 Dialogtext

Einkaufen im Laden

🎧 030
🎧 100
🎧 101

K: Kundin（客）V: Verkäufer（店員）

K: Guten Morgen!

V: Grüß Gott! Was wünschen Sie?

K: Äh, ich hätte gern _____ und eine Packung _____.

    Ach, und ein Stück Käse.

V: Gern. Wie viele Tomaten brauchen Sie?

K: Wie viel kostet eine Tomate?

V: Eine Tomate kostet 50 Cent.

K: Dann nehme ich nur drei. Nein, doch vier, bitte.

V: Und wie viel Gramm Käse möchten Sie?

K: Hmm... ich nehme den Käse hier. 250 Gramm, bitte.

V: Kommt sofort. Der Käse ist sehr gut. Sonst noch etwas?

K: Haben Sie einen Kugelschreiber und eine Tüte?

V: Einen Moment, bitte. Hier, bitte schön. Sonst noch etwas?

K: Nein, danke. Das wär's. Ach nein, ich möchte doch noch _____.

V: Es tut mir leid. Wir haben keine Äpfel.

K: Ach so. _____.

V: Das macht 12,90 Euro.

K: Hier bitte.

V: Danke schön. Und 2,10 Euro zurück. Schönen Tag noch!

K: Danke, gleichfalls.

A Hören Sie noch einmal den Dialog und ergänzen Sie die Lücken.
会話をもう一度聞いて、空欄を埋めましょう。

B Sprechen Sie den Dialog. 発音してみましょう。

C Variieren Sie den Dialog! 会話文に出てくる物や値段を変えて言いましょう。

D **2 Min. Chat** 🗨 Schließen Sie das Buch und kaufen Sie etwas ein. Der Verkäufer kann das Buch sehen. Tauschen Sie dann die Rollen.
教科書を閉じて、ペアで、買い物をする会話をしましょう。売り手は教科書を見て構いません。役割を交替しましょう。会話の順番はこの通りでなくても構いません。

Ich nehme ....

Ich möchte ....

Was / Wie viel kostet ein/eine...?

Haben Sie ein/eine/eine/einen...?

Schönen Tag noch!

4 Spiele

A **Aussprache** Wie hören Sie die Wörter? o/u-Übung
Wählen Sie ein Wort und Ihr Partner rät.
どのように聞こえますか。どちらを発音したかパートナーに当ててもらいましょう。

1) ☐ tun   ☐ Ton   3) ☐ Kohl   ☐ Kuh

2) ☐ Uhr   ☐ Ohr   4) ☐ Kuchen   ☐ kochen

B Spielen Sie zu zweit. 2人で行いましょう。

① A: die Orange   B: オレンジ

　 A: das Ei   B: 卵

② A: eine Orange   B: zwei Orangen

　 A: eine Flasche Milch B: zwei Flaschen Milch

C Wiederholen Sie Zahlen. Sagen Sie die Preise auf Japanisch und dann auf Deutsch.
数字の復習をしましょう。値段を日本語とドイツ語で言いましょう。

A: ミルクは200円？   B: Ja, zweihundert Yen.

D Vergleichen Sie die Preise in Deutschland und in Japan. ドイツと日本の値段を比較してみましょう。

A: Wie viel kostet ein Brötchen in Deutschland?

B: Ein Brötchen kostet ＿＿＿＿＿ €.

A: Und wie viel kostet ein Brötchen in Japan?

B: ＿＿＿＿＿＿＿＿＿＿.

> Wie steht der Yen zum Euro?
> ＿＿＿ Yen = 1 Euro

Ergänzen Sie die Lücken und raten Sie die Preise. 下線部に日本語を入れ、値段を当てましょう。

Apfelschorle ＿＿＿＿ の炭酸割り 1.5 L (Liter)	☐ 0,30 €	☐ 0,49 €	☐ 0,89 €
Coca Cola 1.25 L	☐ 0,89 €	☐ 1,09 €	☐ 1,39 €
Weißbier 白＿＿＿＿ 3 L (0.5 L x 6)	☐ 1,79 €	☐ 3,79 €	☐ 5,79 €
Bioeier 有機の ＿＿＿＿ 10 St. (Stück)	☐ 1,55 €	☐ 1,99 €	☐ 2,69 €
Buttercroissant ＿＿＿＿＿＿＿＿＿ 1 St.	☐ 0,12 €	☐ 0,34 €	☐ 0,99 €
Brötchen テーブルパン 1 St.	☐ 0,39 €	☐ 0,49 €	☐ 1,10 €
Vollkornbrot 全粒粉パン 500g (Gramm)	☐ 1,29 €	☐ 2,19 €	☐ 3,29 €

ALDI Süd 2020

E Sie machen mit Ihren Freunden eine Party. Machen Sie mit Ihrem Partner eine Einkaufs-liste. 友達とパーティを開きます。隣の人と買い物リストを作りましょう。

A: Was brauchen wir für heute Abend?

B: Wir brauchen Cola, Wasser, Bier und Wein.

A: Und Saft?

B: Ja. Und vielleicht auch Käse?

> vielleicht もしかして
> wahrscheinlich たぶん
> sicher きっと

F Üben Sie paarweise (Kunde und Verkäufer) einfache Dialoge.
店員と客になって簡単な会話をしましょう。

① A: 挨拶

　B: 挨拶

　A: Was wünschen Sie?

　B: Ich möchte/brauche 品物 . Wie viel kostet/kosten 品物 ?

　A: 品物 kostet/kosten 金額 Euro/Cent/Yen.

　B: Dann nehme ich 数量＋品物 .

② A: Sonst noch etwas?

　B: Ah, haben Sie 品物 ?

　A: Tut mir leid. Wir haben heute kein/keine/keinen 品物 .

　B: Schade.

③ A: Sonst noch etwas?

　B: Nein, danke. Das wär's.

　A: Das macht 金額 Euro/Cent/Yen.

G Was bedeutet „bitte"? bitte はどんな意味でしょう。

① Wie viel Gramm Käse möchten Sie?　　　– 250 Gramm, <u>bitte</u>.

② Das macht 12,90 Euro.　　　　　　　　　– Hier <u>bitte</u>.

③ Danke schön.　　　　　　　　　　　　　– <u>Bitte</u> schön!

④ Mein Name ist Yukiko Wakabayashi.　　– Wie <u>bitte</u>? Noch einmal, <u>bitte</u>.

5 Grammatikübersicht

I 動詞の語尾変化 (4) ＋不規則動詞 (2)

nehmen は不規則動詞 (→L.3) の仲間

主語	haben	möchte	hätte	nehmen
ich	habe	möchte	hätte	nehme
du	hast	möchtest	hättest	nimmst
er/sie/es	hat	möchte	hätte	nimmt
wir	haben	möchten	hätten	nehmen
ihr	habt	möchtet	hättet	nehmt
Sie	haben	möchten	hätten	nehmen
sie	haben	möchten	hätten	nehmen

II 名詞の複数形

変化の形 (語尾) によって5つの型があります。さらにウムラウトするものがあります。

語尾なし (ウムラウト)	語尾-e (ウムラウト)	語尾-er (ウムラウト)	語尾-n/-en	語尾-s
der Lehrer	der Salat	das Ei	die Tomate	der Park
die Lehrer	die Salate	die Eier	die Tomaten	die Parks
der Apfel	die Wurst	das Haus	die Frau	das Handy
die Äpfel	die Würste	die Häuser	die Frauen	die Handys

III 定冠詞と不定冠詞と否定冠詞の 4 格

名詞には性があり、定冠詞 (the)、不定冠詞 (a, an) で区別します。
1格は文中で「〜は」「〜が」を表し、4格は「〜を」を表すことが多いです。
「〜を持っていない」は否定冠詞 (not a, an) を使います。

定冠詞／不定冠詞

	男性名詞	女性名詞	中性名詞	複数
1格	der Apfel	die Tüte	das Ei	die Eier
4格	den Apfel	die Tüte	das Ei	die Eier
1格	ein Apfel	eine Tüte	ein Ei	Eier
4格	einen Apfel	eine Tüte	ein Ei	Eier

否定冠詞

	男性名詞	女性名詞	中性名詞	複数
1格	kein Apfel	keine Tüte	kein Ei	keine Eier
4格	keinen Apfel	keine Tüte	kein Ei	keine Eier

Machen wir einen Termin!

Lernziele　学習目標

einen Termin machen　約束の日時を決める

Uhrzeit sagen　時刻を言う

 034　**1 Hören**

A Hören Sie das Gespräch und markieren Sie die Wörter.　会話を聞いて、聞こえたものに○をしましょう。

frei　　Zeit　　Kellner　　Kind　　Luft

Lust　　Film　　Ohr　　Café　　etwa

B Sprechen Sie mit Ihrem Nachbarn.　隣の人と意見を交換しましょう。

Situation?
どのような状況ですか。

Wohin gehen sie? どこへ行きますか。
□ins Restaurant　□tanzen　□ins Kino

035　**Aussprache**　Sprechen Sie.　発音してみましょう。

e　　elf　Enkelkind　Abend　Tee　Dienstag　sehen

i　　ins Kino　ist　Mittag　finden　Familie　Termin

2 Wortschatz und Ausdruck

A Was bedeutet das? Ordnen Sie zu. どういう意味でしょう。

Woche　Sonntag　Montag　Mittwoch　Wochenende

Dienstag　Freitag　Donnerstag　Samstag

①*Monday*　②*Tuesday*　③*Wednesday*　④*Thursday*　⑤*Friday*
⑥*Saturday*　⑦*Sunday*　⑧*weekend*　⑨*week*

> in der Woche 週に　　am Wochenende 週末に ✔

B Ordnen Sie zu. 朝から夜まで左から順に並べます。挨拶を思い出しましょう。

Mittag

Abend　Vormittag　Nacht　Morgen　Nachmittag　Mittag

C Uhrzeit 時間：時刻の聞き方と答え方 (→ S.42 Ⅲ)

Wie spät ist es jetzt? 今何時ですか？ — Es ist Viertel nach zwei. 2時15分過ぎです。

Wann treffen wir uns? 何時に会いましょうか？ — Um 7 Uhr. 7時に。

表記	12 時間制 （日常で使用）	24時間制／午後の場合 （テレビ、ラジオ、乗り物の時刻などに使用）
2.00/14.00	zwei (Uhr)	zwei Uhr / vierzehn Uhr
2.15/14.15	Viertel nach zwei	zwei Uhr fünfzehn / vierzehn Uhr fünfzehn
2.30/14.30	halb drei	zwei Uhr dreißig / vierzehn Uhr dreißig
2.25/14.25	fünf vor halb drei	zwei Uhr fünfundzwanzig / vierzehn Uhr fünfundzwanzig
2.35/14.35	fünf nach halb drei	zwei Uhr fünfunddreißig / vierzehn Uhr fünfunddreißig
2.50/14.50	zehn vor drei	zwei Uhr fünfzig / vierzehn Uhr fünfzig

D Einen Termin machen 約束をしてみましょう。

① A: Ich möchte ins Museum gehen. Hast du Lust?

　　B1: Ja, gerne. ☺

　　B2: Ja, ich habe Lust, aber keine Zeit. ☹

　　B3: Nein, ich habe keine Lust. Ich möchte ins Kino gehen. ☹

② A: Wann treffen wir uns?　　B: Treffen wir uns am <u>Montag</u> um <u>5 Uhr</u>.

③ A: Wo treffen wir uns?　　B: Treffen wir uns in <u>Shibuya</u>.

3 Dialogtext

Machen wir einen Termin!

M: Mari K: Klaus

M: Hallo, Klaus. Was machst du am Freitag? Hast du da Zeit?

K: Tag, Mari. Am Freitag? Am Nachmittag jobbe ich von zwei bis sechs als Kellner.
　　Warum?

M: Ach so. Ich möchte zur Uni gehen und dann mit dir ins Kino.
　　Hast du nach der ＿＿＿＿＿ noch Lust?

K: Na ja. Was läuft denn ＿＿＿＿＿?

M: Jetzt läuft der Krimi „Detektiv Conan" in Shinjuku.

K: Ah, den Film möchte ich sehen. Wann treffen wir uns?

M: Treffen wir uns um halb sieben im Café „Baum" in der Nähe vom Kino.
　　Essen wir vor dem Film ein Sandwich oder so etwas?

K: Sehr gern.

M: ＿＿＿＿＿ dir sieben?

K: Natürlich.

M: Gut, bis dann!

K: Bis dann! Tschüs!

A Hören Sie noch einmal den Dialog und ergänzen Sie die Lücken.
会話をもう一度聞いて、空欄を埋めましょう。

B Sprechen Sie den Dialog.　発音してみましょう。

C Variieren Sie den Dialog. (Zeit, Ort, Wochentag usw.)
会話の内容を変えて練習しましょう（時間、場所、曜日など）。

D 2 Min. Chat 💬 Schließen Sie das Buch und machen Sie frei einen Termin.
教科書を閉じて自由に約束をしてみましょう。

4 Spiele

 040

A Zungenbrecher 早口言葉   e/i-Übung

1) Sie liest immer am Dienstag um eins in der Nacht eine Zeitschrift.

2) Elias trifft sehr gern Emma aus England und sie sehen oft zusammen viele Filme.

B Was kommt vor/nach ...? Üben Sie! 例のように練習しましょう。

A: Was kommt vor Mittag?

B: Vormittag.

A: Was kommt nach Dienstag?

B: Mittwoch.

> vor 前
> nach 後

C Schreiben Sie und sprechen Sie. 質問の答えを書いて隣の人とやりとりしてみましょう。

Wie spät ist es jetzt? _____

Wann gehst du nach Hause? _____

Von wann bis wann schläfst du? _____

D Ordnen Sie zu. 時計と時刻の表現を組み合わせましょう。

①   ②   ③   ④   ⑤

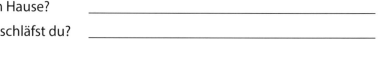

zehn nach neun

halb drei

zwanzig vor elf

zehn vor neun

fünf nach neun

zwanzig nach acht

fünf vor sechs

fünf

Viertel vor neun

Viertel nach zwölf

⑥   ⑦   ⑧   ⑨   ⑩

E Machen Sie einen Termin. Sie machen am Wochenende mit Ihrem Nachbarn einen Ausflug. Wann und wohin fahren Sie? Was machen Sie dort? 約束をしましょう。週末に遠出をします。いつ、どこに行きますか。何をしますか。次の単語を使いましょう。

① am Samstag, Disneyland besuchen, Attraktionen sehen, im Restaurant essen

② am Sonntag, in den Showa-Kinen-Park gehen, Rad fahren

> 「何時に約束する?」「どこで?」は?
> お互いに決めましょう。

F Planen Sie einen Ausflug in der Gruppe und präsentieren Sie.
日帰り旅行に行く計画をグループで立てて発表しましょう。

Wann?
Wohin?
Was machen Sie?
Wann treffen Sie sich?
Wann kommen Sie nach Hause?

🎧 041

Strategie

Reaktion 反応

Aha! なるほど。

Ach so. そうなんだ。

Ach so? そうなの。

Gut! 了解。いいね。

Gern! うれしい、喜んで。

Schön! いいね。

Schade! 残念。

Tut mir leid! ごめんなさい。

Macht nichts! 気にしないで。

Leider nicht. 残念ながらだめ。

Na ja. そうですねえ。

Hmm. うーん。

Nachfragen 聞き返し

Noch einmal, bitte. もう一度お願いします。

Wie bitte? なんと言いましたか。

Etwas langsamer, bitte.
もっとゆっくりお願いします。

Etwas lauter, bitte.
もっと大きな声でお願いします。

5 Grammatikübersicht

I 不規則動詞（3）

sprechen, lesen（→L.3）、nehmen（→L.5）同様、特定の主語（du, er/sie/es）の場合に、語尾だけでなく語幹も変化する動詞です。

主語	schlafen	laufen	treffen	essen
ich	schlafe	laufe	treffe	esse
du	schläfst	läufst	triffst	isst
er/sie/es	schläft	läuft	trifft	isst
wir	schlafen	laufen	treffen	essen
ihr	schlaft	lauft	trefft	esst
Sie	schlafen	laufen	treffen	essen
sie	schlafen	laufen	treffen	essen

II 前置詞（2）

この課の nach, vor, mit, zu は名詞の3格、人称代名詞の3格と共に使います。

nach der Arbeit 仕事の後に　　vor dem Film 映画の前に　　mit dir 君と　　zur Uni 大学へ

am Freitag　→am＋曜日　　am Nachmittag　→am＋朝、昼、晩　in der Nacht だけ例外

um 7 Uhr　→um＋時間　　von 2 bis 6 Uhr　→von 時間・曜日 bis 時間・曜日 〜から〜まで

III 時刻の表現

vor 前　　nach 過ぎ

Viertel 15分 ➡大文字で書き始める

halb 半

～時半は要注意！

2 時半　halb drei

IV 人称代名詞

1格	ich	du	er	sie	es	wir	ihr	Sie	sie
3格	mir	dir	ihm	ihr	ihm	uns	euch	Ihnen	ihnen

V 定冠詞と不定冠詞の3格

3格は文中では「〜に」を表すことが多いです。

複数3格の語尾には -n を付けます（複数形が -n, -s で終わる場合は付けません）。

	男性名詞	女性名詞	中性名詞	複数
1格	der Film	die Arbeit	das Kino	die Kinder
3格	dem Film	der Arbeit	dem Kino	den Kindern
1格	ein Film	eine Arbeit	ein Kino	Kinder
3格	einem Film	einer Arbeit	einem Kino	Kindern

Wiederholung 1

Leseverstehen

Lesen Sie die Vorstellung und antworten Sie auf die Fragen. 自己紹介文を読んで問題に答えましょう。

Vorstellung

 042

Ich suche einen Freund!

Hallo, ich bin Michael. Ich bin 19 Jahre alt und Student. In Köln wohne ich zusammen mit meinen Freunden. An der Uni studiere ich Wirtschaft und lerne Englisch und Japanisch. Meine Hobbys sind Comics lesen und Musik hören. Sport mache ich nicht so gern. Ich möchte mehr Japanisch lernen und über Japan wissen. Jeden Tag habe ich am Abend Zeit. Vielleicht können wir uns auf Zoom treffen?

Wirtschaft 経済　　mehr もっと (= more)　　auf Zoom ズームで

1) Wie heißt die Person?

2) Wie alt ist er?

3) Ist er Schüler?

4) Was lernt er?

5) Was macht er gern?

6) Spielt er gern Fußball oder Tennis?

7) Was möchte er mit einem Freund machen?

8) Wann hat er Zeit?

9) Möchte er Mails schreiben?

Schreiben

Schreiben Sie auch eine Vorstellung. 友達を見つけるためのプロフィールを書きましょう。

Hörverstehen

A Hören Sie und antworten Sie auf die Fragen.　会話を聞いて、質問に答えましょう。

　① **Kreuzen Sie die richtige Antwort an.**　正解に×印を付けましょう。

　　Wo sind sie?　　　　　　　□im Café　　　　□im Supermarkt　　□im Park

　　Was machen sie jetzt?　　□Kaffee trinken　□Kuchen essen　　□laufen

　② **Sprechen Sie mit „Sie" oder „du"?**　Sie で話していますか、du で話していますか。

　　　□du　　□Sie　　□du und Sie

B Antworten Sie auf die Fragen. Schreiben Sie und sprechen Sie dann. Sie hören die Sätze **dreimal.**　音声を聞いて質問に答えましょう。答えを書き、声に出してみましょう。それぞれ3回ずつ読まれます。

　① _____

　② _____

　③ _____

　④ _____

　⑤ _____

　⑥ _____

Lernen wir zusammen!

Lernziele 学習目標

Wohnung und Möbel beschreiben
住居と家具を描写する

1 Hören

🎧 045 **A** Hören Sie das Gespräch und markieren Sie die Wörter. 会話を聞いて、聞こえたものに○をしましょう。

| blau | Idee | lange | kann | Supermarkt |

| Zimmer | kalt | Klima | alles | neun |

B Sprechen Sie mit Ihrem Nachbarn. 隣の人と意見を交換しましょう。

Wo sind sie? どこにいますか。
□im Café □zu Hause

Sind sie □ Angestellte?
　　　　□Studenten?
　　　　□Lehrer?
職業・身分は何ですか？

Warum glauben Sie das?
どうしてそう思いますか？

🎧 046 **Aussprache** 🗣 Sprechen Sie. 発音してみましょう。

a+ch	acht Fach lachen Schachtel Jacht
au+ch	Bauch brauchen rauchen auch tauchen Knoblauch
o+ch	doch hoch kochen Tochter noch
u+ch	Buch Kuchen Tuch suchen besuchen

a, au, o, uに続くchは、
口の形を変えずに息を少し
強く吐くだけです。

2 Wortschatz und Ausdruck

 A Ordnen Sie zu. 組み合わせましょう。

> das Bild, -er   der Fernseher, -   der CD-Player, -   die Waschmaschine, -n
>
> der Computer, -   das Bücherregal, -e   das Computerspiel, -e
>
> der Tisch, -e   die Klimaanlage, -n   der Kühlschrank, ̈-e   der Stuhl, ̈-e
>
> die Heizung, -en   das Bett, -en   das Fenster, -   das Sofa, -s
>
> der Schrank, ̈-e   die Uhr, -en   der Kalender, -

 B Beschreiben Sie Ihre Sachen. Was bedeuten die Wörter? Vermuten Sie zuerst.
持ち物を描写しましょう。まず次の単語の意味を推測しましょう。既習の単語もあります。

groß ⟷ klein   praktisch ⟷ unpraktisch   neu ⟷ alt

lang ⟷ kurz   gut ⟷ schlecht   schön ⟷ hässlich

sauber ⟷ schmutzig   leicht ⟷ schwer   teuer ⟷ billig

 C Wo haben Sie was? どこに何がありますか?

A: Hier ist das Wohnzimmer.

B: Ich habe hier ein Sofa. Ich muss einen Tisch kaufen.

> die Wohnung, -en
>
> der Flur, -e
>
> das Wohnzimmer, -
>
> das Schlafzimmer, -
>
> die Küche, -n
>
> das Badezimmer, -
>
> das Bad, ̈-er
>
> die Toilette, -n

3 **Dialogtext**

Lernen wir zusammen!

K: Keita   M: Mi Young

K: Wir haben _____ einen Test.

M: Ja, ich weiß. Ich muss lernen.

K: Lernen wir doch zusammen!

M: Gute Idee. Aber wo denn?

K: Gehen wir ins Café?

M: Da kann man nicht lange bleiben. Lernen wir bei mir zu Hause!

　　Hast du Lust?

K: Super!

- -

K: Wow! Dein _____ ist aber schön. Es ist kein Tatami-Zimmer.

　　Dein Tisch ist sehr _____ und du hast auch ein Bett.

M: Ja, ich finde mein Zimmer gemütlich. Der Fernseher ist sehr groß.

K: Es gibt hier sogar einen Kühlschrank und eine Klimaanlage.

　　Du hast wirklich alles hier.

M: Nicht schlecht, oder? Jetzt mache ich einen Kaffee für dich.

K: Danke. Oh, du hast Computerspiele. Das hier ist ganz _____.

　　Spielen wir zuerst ein Computerspiel!

M: Was? Wir müssen doch ....

A Hören Sie noch einmal den Dialog und ergänzen Sie die Lücken.
会話をもう一度聞いて、空欄を埋めましょう。

B Sprechen Sie den Dialog.　発音してみましょう。

C Variieren Sie den Dialog.　会話の内容を変えて練習しましょう。

D **2 Min. Chat** 🗨 Schließen Sie das Buch und sprechen Sie frei. Lernen Sie zusammen mit Ihrem Nachbarn. Machen Sie einen Termin.
Wo? Wann?　教科書を閉じて、隣の人と一緒に勉強する予定を立てましょう。
どこに、いつ行きますか？

Ich kann ....

Ich muss ....

Ich möchte ....

bei mir zu Hause

Es gibt ....

Ich finde ~ schön.

4 Spiele

A **Aussprache** 💬   ch-Übung

Ach was!
なんてこと、とんでもない！

Echt? Wirklich?
本当に？

Doch, doch!
だから、そうなんだって！

Unmöglich!
ありえない！

B **Verbinden Sie 2 A mit 2 B und sprechen Sie frei.** 2Aと2Bの単語を組み合わせて、例を参考に会話しましょう。いろいろなものを評価しましょう。

① A: Ist das ein Computer?

B: Nein, das ist kein Computer. Das ist ein Fernseher. Er ist sehr neu.

② A: Was ist das?

B: Das ist ein Buch und ich finde es interessant.

A: Was kostet das Buch?

B: Es kostet 1.000 Yen.

C **Was haben Ihre Freunde? Fragen Sie und machen Sie sich Notizen. In der Gruppe berichten Sie es.** クラスメートに持ち物の様子を聞きましょう。メモを取り、グループで報告しましょう。

Ist deine Tasche sehr groß?

Was kostet dein Computer?

Wie ist dein Bett? Ist es alt oder neu?

> Toru hat eine Tasche.
> Die Tasche ist nicht groß.
> Toru hat auch einen Computer.
> Er ist klein und leicht.
> Mari hat ein Bett. Ihr Bett ist alt. ......

✔ sein/seine 彼の
ihr/ihre 彼女の

D **Zeichnen Sie Ihr Zimmer und sprechen Sie.**　自分の（架空の）部屋を描写してみましょう。

A: Das ist das Schlafzimmer. Hier habe ich ein Bett und einen Tisch.

B: Aha, ist der Tisch groß?

A: Ja, er ist groß. Und das ist das Wohnzimmer ....

E **Antworten Sie.**　質問に答えてみましょう。

Was kannst du machen?

Was kannst du nicht machen?

Was musst du machen?

Was möchtest du machen?

F **Zeichnen Sie Ihr (Traum)zimmer und erklären Sie es Ihrem Nachbarn. Dann stellt Ihr Nachbar Fragen.**　（理想の）部屋をイラストにし、隣の人に説明しましょう。隣の人は質問しましょう。

A: Hier ist mein Bett. Es ist sehr klein.

　Das ist ein Tisch und er ist sehr teuer ....

B: Wo ist dein Fernseher?

　Gibt es eine Klimaanlage?

私は〜できる。

私は〜しなければならない。

私は〜がしたい。

私の家で

〜がある。

私は〜をしたいと思う。

5 Grammatikübersicht

I 話法の助動詞（1）

主語	können	müssen
ich	kann	muss
du	kannst	musst
er/sie/es	kann	muss
wir	können	müssen
ihr	könnt	müsst
Sie	können	müssen
sie	können	müssen

II 動詞の語尾変化（5）

主語	finden	wissen
ich	finde	weiß
du	findest	weißt
er/sie/es	findet	weiß
wir	finden	wissen
ihr	findet	wisst
Sie	finden	wissen
sie	finden	wissen

Ich **muss lernen**.

主語 ＋ 助動詞（主語に合わせて変化）＋ 本動詞（文末）

Da **kann** man nicht lange **bleiben**.

da ＋ 助動詞 ＋ 主語 　　　　　本動詞

主語以外の語句（ここでは da）が文頭の際は、語順はこのようになります。

III 前置詞（3）

bei は3格と共に　　**bei mir** 私のところで

für は4格と共に　　**für dich** 君のために

IV 人称代名詞

1格	ich	du	er	sie	es	wir	ihr	Sie	sie
3格	mir	dir	ihm	ihr	ihm	uns	euch	Ihnen	ihnen
4格	mich	dich	ihn	sie	es	uns	euch	Sie	sie

V 名詞を受ける代名詞

ドイツ語の名詞には性別があるので、物も人と同じようにその性別に応じて代名詞を使います。

Dein Zimmer ist aber schön. **Es** ist kein Tatami-Zimmer.　　**Es** →dein Zimmer

der Kühlschrank→er　　die Klimaanlage→sie　　das Zimmer→es

die Computerspiele→sie

---

es gibt ＋ 4格 …がある/いる　　（→S.76）　　言い回しとして覚えましょう。

Es gibt hier sogar einen Kühlschrank und eine Klimaanlage. 冷蔵庫もエアコンもある。

　　　　　　　　　　　　4格　　　　　　　　4格

Wie komme ich am besten nach Kyoto?

Lernziele　学習目標

erklären, wie man mit der Bahn zu einem Ort kommt
電車を使った目的地への行き方を教える

1 Hören

🎧 051　**A** Hören Sie das Gespräch und markieren Sie die Wörter.　会話を聞いて、聞こえたものに○をしましょう。

| Kultur | Termin | Bier | Linie | Zug |

| direkt | bitter | Schrein | vielleicht | Spiel |

B Sprechen Sie mit Ihrem Nachbarn.　隣の人と意見を交換しましょう。

Situation?
どのような状況ですか。

Was hat Klaus morgen vor?　クラウスは明日どのような予定ですか。
☐nach Nara fahren ☐nach Kyoto fahren ☐nach Osaka fahren

🎧 052　**Aussprache**　Sprechen Sie.　発音してみましょう。

au	Haus　auch　Pause　Baum　blau
äu	Bäume　Häuser　Gebäude　Geräusch　Träume
ei	eins　Eier　kein　mein　Wein　Bein
eu	neu　heute　Flugzeug　Spielzeug　Europa

2 Wortschatz und Ausdruck

A Ordnen Sie zu.　組み合わせましょう。

> der Zug/die Bahn　　die Straßenbahn　　das Fahrrad　　das Motorrad
>
> die U-Bahn　　die S-Bahn　　der Bus　　das Taxi　　das Flugzeug　　das Schiff

B Was bedeuten die Sätze? Sprechen Sie.　どのような意味でしょう。話し合いましょう。

Ich nehme die JR-Linie von Tokio bis Osaka.

Ich fahre mit dem Fahrrad.

Ich gehe zum Bahnhof.

Ich gehe zur Post.

Ich fahre nach Deutschland.

C Was bedeuten die Sätze? Welche Regeln finden Sie?　(→ S.56 Ⅰ)

どのような意味でしょう。どんなルールがありますか。

Ich kaufe im Supermarkt ein.

Ich komme um 18 Uhr am Bahnhof Tokio an.

3 Dialogtext

🎧 ▶051
🎧 ▶106
🎧 ▶107

Wie komme ich am besten nach Kyoto?

K: Klaus   M: Mari

K : Hallo, Mari! Hast du jetzt kurz Zeit?

M: Ja, was ist?

K : Morgen habe ich einen Termin in Kyoto. Wie komme ich am _____ von hier nach Kyoto?

M: Das ist ganz einfach. Wir sind jetzt in Nara. Du _____ die Kintetsu-Linie bis Kyoto.

K : Mit der Kintetsu-Linie?

M: Ja, aber du kannst auch mit der JR-Linie nach Kyoto fahren.

K : Gut. Dann nehme ich die Kintetsu-Linie. Steige ich um?

M: Nein. Der Zug _____ direkt bis nach Kyoto.

K : Danke!

M: Bitte, bitte. Was hast du in Kyoto vor, Klaus?

K : Hmm, ich treffe meine Freunde in Osaka und wir gehen zum Tempel. Und du? Hast du morgen etwas vor?

M: Ja, ich gehe vielleicht einkaufen, sehe etwas fern, rufe meine Freunde an…

K : Aha, okay. Dann viel Spaß!

M: Danke! Dir auch!

A Hören Sie noch einmal den Dialog und ergänzen Sie die Lücken.
会話をもう一度聞いて、空欄を埋めましょう。

B Sprechen Sie den Dialog.   発音してみましょう。

C Variieren Sie den Dialog.   会話の内容を変えて練習しましょう。

D **3 Min. Chat** 💬 Schließen Sie das Buch und sprechen Sie über Ihren Plan. Was machen Sie? Und wo? Wie kommen Sie dorthin?
教科書を閉じてあなたの計画について話してみましょう。どこで何をするか、目的地までどのように行けるか言えれば大成功です。

53

4 Spiele

 A **Aussprache** Markieren Sie au, äu, ei und eu und sprechen Sie die Wörter aus.

au, äu, ei, eu にマークし、意識して発音しましょう。

au/äu/ei/eu-Übung

An der Bushaltestelle バス停で

A: Guten Tag, Herr Meier.

B: Hallo, Frau Bäuerlein. Wie geht es Ihnen?

A: Gut, danke. Fahren Sie nach Hause?

B: Nein, ich fahre heute nach Weimar. Ich treffe dort meine Freunde.

A: Schön. Sehen Sie dort das Gebäude? Ist das eine Bibliothek?

B: Ja, genau. Sie ist ganz neu. Und die Gebäude da sind auch neu.
   Das sind Kaufhäuser.

hier	ここ
da	そこ
dort	あそこ

B Sprechen Sie zuerst nach und antworten Sie dann auf die Fragen.

ペアでまず 1)〜4) までオウム返し練習をしましょう（片方は本を閉じる）。その後それぞれの質問に答えましょう。

Beispiel

① A: Steigst du in Tokyo aus? B: Steigst du in Tokyo aus?

② A: Steigst du in Tokyo aus? B: Ja, ich steige in Tokyo aus.

1) Kaufen Sie oft im Supermarkt ein? Ja, ...

2) Kommen Sie morgen in Narita an? Nein, ...

3) Steigt dein Freund in Machida um? Nein, ...

4) Rufst du heute Abend deine Freundin an? Ja, ...

C Sprechen Sie zu zweit. Variieren Sie den Dialog. 内容を変えてペアで話してみましょう。

A: Wie kommen Sie zur Uni?

B: Ich komme zu Fuß zur Uni.

A: Wie komme ich nach Shinjuku?

B: Sie fahren mit der JR-Linie nach Shinjuku.

D **Wie kommen Sie nach Hause? Erklären Sie kurz.**

下の単語から始めて、家へ帰る方法を順序立てて説明しましょう。

Zuerst nehme ich die U-Bahn nach Shinjuku.

Dann fahre ich ...

Danach

zuerst	まずはじめに
dann	それから
danach	そのあとで

Strategie

Zeit zum Nachdenken 時間稼ぎの表現

Na ja.
そうですね。

Hmm.
うーん。

Äh.
えーっと。

Moment, bitte.
お待ちください。

Falsch gesagt? 言い間違えたときに訂正する方法

Ich komme um drei Uhr, nein, um vier Uhr.

Ich spiele morgen Tennis, nein, übermorgen.

Entschuldigung, noch einmal.

沈黙は避けましょう。
考えているのか、
わからないのか、
伝わりません。

…から～までどう行きますか。

私は JR に乗ります。

私は電車で行きます。

私は予定があります。

私は買い物をします。

5 Grammatikübersicht

I 分離動詞 (1)

主語	um|steigen	vor|haben	fern|sehen	an|rufen
ich	steige … um	habe … vor	sehe … fern	rufe … an
du	steigst … um	hast … vor	siehst … fern	rufst … an
er/sie/es	steigt … um	hat … vor	sieht … fern	ruft … an
wir	steigen … um	haben … vor	sehen … fern	rufen … an
ihr	steigt … um	habt … vor	seht … fern	ruft … an
Sie	steigen … um	haben … vor	sehen … fern	rufen … an
sie	steigen … um	haben … vor	sehen … fern	rufen … an

分離動詞は前綴り（um-, vor-, fern-, an-など）の意味を含みながら別の意味を作ります。前綴りと基礎動詞の間に分離を表す記号 (|) が示されています。主語に合わせて変化するのは基礎動詞の部分で、前綴りは文末に置きます。

Hast du morgen etwas vor?

Steige ich dann nicht um?

II 不規則動詞 (4)（→ L. 3, 5, 6）

主語	fahren	nehmen	treffen	sehen
ich	fahre	nehme	treffe	sehe
du	fährst	nimmst	triffst	siehst
er/sie/es	fährt	nimmt	trifft	sieht
wir	fahren	nehmen	treffen	sehen
ihr	fahrt	nehmt	trefft	seht
Sie	fahren	nehmen	treffen	sehen
sie	fahren	nehmen	treffen	sehen

不規則動詞 fahen は laufen の仲間（→L.6）、nehmen, treffen は sprechen（→L.3）の仲間で、すでに L.6 でも紹介しました。sehen（会う、見る）はこの課の fern|sehen の基礎動詞で、lesen（→L.3）の仲間です。

III 前置詞 (4)

mit der JR-Linie JR線で　　mit dem Tax タクシーで

nach Kyoto 京都へ

zum Bahnhof 駅へ　　zur Post 郵便局へ

> ✓ 前置詞 (3) (→L.6) mit dir と同じ使い方。この場合手段を表します。

Kann ich heute etwas später nach Hause kommen?

Lernziele 学習目標

mit Modalverben die eigene Meinung deutlicher mitteilen
話法の助動詞を使って自分の気持ちをより正確に伝える

Gegenstände beschreiben
身の回りのものを描写する

1 Hören

🎧 056 **A** Hören Sie das Gespräch und markieren Sie die Wörter. 会話を聞いて、聞こえたものに○をしましょう。

einkaufen   Geburtsdatum   schick   schicken   Pullover

Kette   froh   aufstehen   Bahnhof   anrufen

B Sprechen Sie mit Ihrem Nachbarn. 隣の人と意見交換しましょう。

Wer spricht?
誰が話していますか。

Was kauft Laura vielleicht für Lisa?
Laura が Lisa に買おうとしているものは何ですか。
☐ ein Buch ☐ eine Kette ☐ ein T-Shirt

Was möchte Laura mit Lisa machen?
Laura は Lisa と何をしたいのですか。
☐ einkaufen ☐ essen ☐ tanzen

🎧 057 **Aussprache**   Sprechen Sie. 発音してみましょう。

-b [p]	halb Urlaub gelb Klub siebzehn
-d [t]	Hemd tausend Hand Kleid Rad
-g [k]	Geburtstag Hamburg Burg Weg

2 Wortschatz und Ausdruck

A Farben: Wie sagt man sie auf Englisch? Ordnen Sie zu. 英語と組み合わせましょう。

| grün | blau | braun | weiß | rot | schwarz | golden | rosa |

① *silver*　② *yellow*　③ *blue*　④ *green*　⑤ *brown*　⑥ *white*　⑦ *black*　⑧ *red*

⑨ *pink*　⑩ *gold*　⑪ *light blue*　⑫ *colorful*　⑬ *violet (purple)*　⑭ *dark blue*

| silbern | gelb | violett | bunt | hellblau | dunkelblau |

B Vergleichen Sie. 比べてみましょう。

a) Man darf hier nicht laut sprechen.

Man must not speak loudly here.

b) Musst du heute nicht schwimmen?

Don't you have to swim today?

C Kleidung: Ordnen Sie zu. 衣服：組み合わせましょう。

---

der Rock, ⸚e　die Hose, -n　die Jeans, -　die Socken (Pl.)　das Hemd, -en

die Jacke, -n　die Schuhe (Pl.)　die Bluse, -n　das Kleid, -er

der Anzug, ⸚e　die Krawatte, -n　die Kappe, -n　der Schal, -s

---

die Brille, -n　der Ohrring, -e　die Kette, -n　die Armbanduhr, -en

die Tasche, -n　der Schlüssel, -　das Tuch, ⸚er　das Heft, -e

die PET-Flasche, -n　die Comics (Pl.)　das Buch, ⸚er

der Stift, -e　das Handy, -s

3 Dialogtext

Kann ich heute etwas später nach Hause kommen?

L: Laura   P: Papa

L: Papa, heute gehe ich einkaufen und mit Lisa im Restaurant essen. Lisa hat Geburtstag. Ich will ihr eine Kette schenken, denn sie ist immer schick. Was meinst du?

P: Ja, das ist eine gute Idee. Einen Pulli in Grün finde ich auch nett. Grün steht ihr gut, nicht?

L: Ja, grün und _____ stehen ihr sehr gut. Danke für deinen Tipp!

P: Und wann kommst du nach Hause, Laura? Wie lange feiert ihr? Morgen musst du früh aufstehen, oder?

L: Nein, morgen muss ich nicht so früh aufstehen. Also, kann ich heute etwas später nach Hause kommen?

P: Wann genau meinst du?

L: Gegen elf Uhr?

P: Ach, so spät? Du _____ nicht so spät nach Hause kommen.

L: Kann ich bitte bis zehn mit ihr feiern? Gegen Viertel vor elf komme ich zu Hause an.

P: Okay. Dann musst du aber am Bahnhof unbedingt zu Hause _____. Ich hole dich dann ab.

L: Danke, Papa. Du bist wirklich super.

A Hören Sie noch einmal den Dialog und ergänzen Sie die Lücken.
会話をもう一度聞いて、空欄を埋めましょう。

B Sprechen Sie den Dialog.   発音してみましょう。

C Variieren Sie den Dialog.   会話の内容を変えて練習しましょう。

D   3 Min. Chat   Schließen Sie das Buch und sprechen Sie frei. Ihr Freund/Ihre Freundin hat Geburtstag. Was kaufen Sie für ihn/sie?   友達の誕生日という設定です。何をプレゼントしますか。教科書を閉じて自由に話しましょう。

59

060　A （**Aussprache**） 🗣 **Lesen Sie die Sätze laut.** 声に出して読みましょう。 -b/-d/-g-Übung

1) Ich bin in Hamburg in Deutschland. Hier esse ich gern Hamburger und Pommes frites.

2) Wir sprechen über die Burg in Nürnberg.

3) Es ist schon halb neun. Um halb zehn muss ich wieder im „Hotel Gelb" sein.

B　**Ergänzen Sie die Tabelle.** A 表、B 表を別々に見ながら空欄を埋めましょう。（B 表は S.61）

A: Will Mari Rad fahren?

B: Ja, sie will Rad fahren.

A: Willst du Rad fahren?

B: Nein, ich will nicht Rad fahren.

> ich はあらかじめ書き込んで
> おきましょう。

Tabelle A:　　Partner A

A	schwimmen	Rad fahren	Deutsch sprechen	gut tanzen
Mari	○		○	
Stephan		○		
mein Opa			○	○
meine Eltern	○		✕	
ich				
du				

C　**Antworten Sie auf die Fragen immer mit „Nein". Fragen Sie noch einmal ohne Buch.**
以下の質問にすべて Nein で答えましょう。教科書を閉じてもう一度同じ質問をしてみましょう。

1) Möchtest du tanzen?　　　　　　　　　Nein,

2) Musst du am Nachmittag jobben?　　　Nein,

3) Dürfen wir hier singen?　　　　　　　Nein,

4) Kannst du Russisch sprechen?　　　　Nein,

5) Willst du heute noch einkaufen?　　　Nein,

D Studentenleben in Deutschland　ドイツでの学生生活

Was ist anders als Ihr Studentenleben? Hören Sie und ordnen Sie die Wörter der Tabelle zu. Sie spielen diese Person und erzählen ihren Tag!　自分たちの生活との違いを音声を聞いて、メモをしましょう。この人物になって一日を語りましょう。

	Wochentag	Ihr Tag
7.00		
7.30		
8.15		
12.30		
13.00		
〜		
19.00		
19.30		
20.00		
〜		
24.00		

frühstücken　aufstehen　nach Hause gehen　Hausaufgaben machen
zu Mittag essen　Unterricht haben　Abendbrot essen　die Uni beginnen

Erzählen Sie auch Ihren Tag.　みなさんの一日も紹介してみましょう。

E Sie wohnen zusammen. Was darf/kann/muss man tun? Sprechen Sie darüber in der Gruppe. Präsentieren Sie.　ルームシェアをしています。何をしていいか、何ができるか、何をしなければならないか、グループで話し合い、発表しましょう。

B Ergänzen Sie die Tabelle.　A表、B表を別々に見ながら空欄を埋めましょう。（A表は S.60）

A: Will Mari Rad fahren?

B: Ja, sie will Rad fahren.

A: Willst du Rad fahren?

B: Nein, ich will nicht Rad fahren.

Tabelle B:　Partner B

B	schwimmen	Rad fahren	Deutsch sprechen	gut tanzen
Mari		○		×
Stephan	○		×	×
mein Opa	×	×		
meine Eltern		○		○
ich				
du				

私は…できますか。

私は…するつもりです。

私はここで…してはいけませんか。

私は絶対に…しなければなりません。

…はどのくらい時間がかかりますか？

5 Grammatikübersicht

I 話法の助動詞 (2)　　könnnen, müssen の変化 (→ L.7)

主語	wollen	dürfen
ich	will	darf
du	willst	darfst
er/sie/es	will	darf
wir	wollen	dürfen
ihr	wollt	dürft
Sie	wollen	dürfen
sie	wollen	dürfen

話法の助動詞の意味
dürfen（してもよい）
nicht dürfen（してはいけない）
wollen（するつもりだ、したい）
müssen（しなければならない）
（→ L.7）の否定形
nicht müssen（しなくてもよい）

Du darfst nicht so spät nach Hause kommen.
Morgen muss ich nicht so früh aufstehen.
Ich will ihr ein T-Shirt schenken.

II 分離動詞 (2) (→ L.8)

主語	ein|kaufen	auf|stehen	an|kommen	ab|holen
ich	kaufe … ein	stehe … auf	komme … an	hole … ab
du	kaufst … ein	stehst … auf	kommst … an	holst … ab
er/sie/es	kauft … ein	steht … auf	kommt … an	holt … ab
wir	kaufen … ein	stehen … auf	kommen … an	holen … ab
ihr	kauft … ein	steht … auf	kommt … an	holt … ab
Sie	kaufen … ein	stehen … auf	kommen … an	holen … ab
sie	kaufen … ein	stehen … auf	kommen … an	holen … ab

III 前置詞 (5)

nach Hause	家へ
am Bahnhof	駅で
gegen Viertel vor elf	10時45分頃

Was hast du in den Ferien gemacht?

1 Hören

🎧 062 **A** Hören Sie das Gespräch und markieren Sie die Wörter.　会話を聞いて、聞こえたものに○をしましょう。

lange	Juli	Sommerferien	hast	bar
	Deutsch	leider	Ziel	Jacke	Ohr

B Sprechen Sie mit Ihrem Nachbarn.　隣の人と意見を交換しましょう。

Wo sprechen sie?　どこで話していますか。
□in der Schule　□zu Hause　□an der Uni

Warum glauben Sie das?
どうしてそのように思いますか。

🎧 063 **Aussprache** 　Sprechen Sie.　発音してみましょう。

f　　　Ferien　Frühling　Fenster　aufstehen　fleißig

v　　　Vater　violett　Volkswagen　verstehen　Villa

w　　　wann　wirklich　wo　wer　wieder　schwer

2 Wortschatz und Ausdruck

⌾▶064 **A** **Was bedeutet das?** どんな意味でしょう。

vorgestern – gestern – heute – morgen – übermorgen

letzte Woche – diese Woche – nächste Woche

letztes Jahr   letzten Monat   letzten Winter

⌾▶065 **B** **Monate** 月 **Ordnen Sie zu.** 英語と組み合わせましょう。

| September | Januar | April | März | Oktober | November |

①*July* ②*September* ③*March* ④*October* ⑤*December* ⑥*August*
⑦*January* ⑧*June* ⑨*February* ⑩*April* ⑪*November* ⑫*May*

| August | Juli | Februar | Mai | Juni | Dezember |

⌾▶066 **C** **Jahreszeiten** 四季 **im + Jahreszeit** 季節

| Frühling | Sommer | Herbst | Winter |

D **Was ist der Unterschied?** 違いは何でしょう。

Vergangenheit 過去   **Hast** du gestern Fußball **gespielt**?

Ich **war** Student.

Ich **hatte** ein Auto.

Gegenwart 現在   Was **machst** du jetzt? 今何をしているの？

Zukunft 未来   **Gehst** du morgen zur Uni? 明日大学へ行くの？

E **Finden Sie die Regeln?** 過去分詞のルールを見つけましょう。

gemacht gespielt getanzt gekocht

gelesen geschlafen angefangen ferngesehen

getrunken getroffen gesungen getragen

besucht verstanden studiert

3 Dialogtext

Was hast du in den Ferien gemacht?

🎧 ▶ 062
🎧 ▶ 110
🎧 ▶ 111

K: Keita M: Mi Young

K: Hallo, wie geht's? Lange nicht gesehen.

M: Ja, stimmt. Wann haben wir uns das letzte Mal getroffen?

   Wann _____ das?

K: Das war im Juni, vor den Sommerferien, oder?

M: Genau. Was hast du in den Ferien gemacht?

K: Ich war in Deutschland. Ich habe Berlin und Dresden _____.

   Das war wirklich toll.

M: Wie schön! Warst du nicht in Österreich?

   Ich möchte einmal nach Österreich fahren.

K: Leider nicht. Ich hatte keine Zeit. Und du?

   Was hast du in den Ferien gemacht?

M: Ich? Ich habe viel gejobbt und viel eingekauft.

K: Was hast du denn gekauft?

M: Den Rock.

K: _____ Rock?

M: Diesen Rock. Ich finde blau sehr schön.

   Ich habe auch diese Schuhe gekauft.

   Sie sind aus Leder. Und diese Tasche, diese Schuhe, diese Uhr und und und …

K: Aha …

A Hören Sie noch einmal den Dialog und ergänzen Sie die Lücken.
会話をもう一度聞いて、空欄を埋めましょう。

B Sprechen Sie den Dialog.　発音してみましょう。

C Variieren Sie den Dialog.　会話の内容を変えて練習しましょう。

D 3 Min. Chat 🕐 Schließen Sie das Buch und variieren Sie den Dialog.
教科書を閉じて自由に会話しましょう。

Ich war in ….

Ich hatte keine Zeit.

Was haben Sie gestern gemacht?

Lange nicht gesehen.

Ich möchte einmal nach … fahren.

4 Spiele

🎧▸067 **A** **Aussprache** ✎ **Schreiben Sie!** 聞こえた通りに書きましょう。 [f/v/w-Übung]

1) ....

2) ....

3) ....

4) ....

5) ....

B **Markieren Sie Perfekt und Präteritum.** 現在完了形と過去形を見つけましょう。

A: Ich war in Österreich. Ich habe Wien und Salzburg besucht.

Das war wirklich toll.

B: Wie schön! Warst du nicht in Deutschland? Ich möchte einmal nach

Deutschland fahren.

A: Leider nicht. Ich hatte keine Zeit. Nächstes Mal möchte ich auch

Deutschland und die Schweiz besuchen. Und du? Was hast du in den

Ferien gemacht?

B: Ich? Meine Ferien waren nicht so interessant. Ich habe viel gejobbt.

Einmal war ich mit meinen Freunden in Hakone. Ich war oft zu Hause und

habe Bücher gelesen. Und ich habe diese Tasche gekauft. Sie ist aus Plastik,

aber sehr leicht und praktisch. Ich mag schwarz.

A: Deine Ferien waren auch nicht schlecht.

mag > mögen 好む

C **Stellen Sie Fragen, machen Sie sich Notizen und berichten Sie in der Gruppe.**
ペアになってインタビューをしながらメモを取り、グループになって発表しましょう。

1) Was hast du gestern gemacht? ....

2) Was machst du jetzt? ....

3) Was machst du morgen? ....

D **Was haben Sie in den letzten Ferien gemacht? Schreiben Sie einen Text. Zeigen Sie ihn in der Klasse oder in der Gruppe und finden Sie interessante Ferien. Welche Ferien gefallen Ihnen? Kommentieren Sie.**
休暇にしたことを作文しましょう。クラスやグループで紹介して、興味のある休暇を探しましょう。どの休暇が気に入りましたか。コメントしましょう。

E Würfelspiel　すごろく　　Benutzen Sie die Wörter und machen Sie einen Satz.

指定の単語を使って文を作りましょう。

START ⇨	Fußball spielen gestern	kochen morgen	Sport machen vorgestern	Oma besuchen nächste Woche
	Ich habe gestern eine Brille getragen.			den Rock tragen gestern
einmal Pause	einen Hund haben letzten Frühling	zu Hause lesen vorgestern	zu Hause sein gestern	Tennis spielen diese Woche
Freunde besuchen gestern		Du gehst morgen spazieren.		
an der Uni studieren letztes Jahr	Karaoke singen letzten Winter	Bier trinken vorgestern	lange fernsehen übermorgen	einmal Pause
	Letzte Woche habe ich Deutsch gelernt.			Pizza essen gestern
ZIEL ⇦	tanzen diese Woche	einmal Pause	meine Eltern anrufen gestern	die Schuhe kaufen letzten Monat

5 Grammatikübersicht

I 現在完了形（1）

日常会話で過去の話をするとき、一般動詞では現在完了形を使います。
ただし、sein, habenは過去形を使うことが多いです。

Wann **haben** wir uns das letzte Mal **getroffen**? いつ私たちは最後に会ったかしら？

Ich **habe** viel **gejobbt** und viel **eingekauft**. 私はたくさんアルバイトをしてたくさん買い物をした。

過去分詞の作り方
①規則動詞	語尾-enを取り、geとtではさむ

jobben→jobb~~en~~→**ge**jobb**t** machen→**ge**mach**t**

②不規則動詞	変化表を参照して使う頻度の高い動詞は覚えましょう。

treffen→**getroffen** sehen→**gesehen**

③分離動詞	前綴り＋①または②

einkaufen→ein**ge**kauf**t** ankommen→an**gekommen**

④非分離動詞（動詞の前に非分離の前綴りbe-, ge-, er-, ver-などがつく動詞）

非分離の前綴り＋geを外した①または②

besuchen→be**such**t verstehen→ver**standen**

⑤-ierenのつく動詞	語尾-enをとり、tをつける（ge-はつけない）

studieren→studier**t**

II 過去形（**sein, haben**）の語尾変化

主語	war (sein)	hatte (haben)
ich	war	hatte
du	war**st**	hatte**st**
er/sie/es	war	hatte
wir	war**en**	hatte**n**
ihr	war**t**	hatte**t**
Sie	war**en**	hatte**n**
sie	war**en**	hatte**n**

III dieser, welcher の1格と4格

	男性名詞	女性名詞	中性名詞	複数
1格	dieser Rock	diese Jacke	dieses Hemd	diese Schuhe
	welcher Rock	welche Jacke	welches Hemd	welche Schuhe
4格	diesen Rock	diese Jacke	dieses Hemd	diese Schuhe
	welchen Rock	welche Jacke	welches Hemd	welche Schuhe

Warst du in Osaka?

1 Hören

🎧 068　**A** Hören Sie das Gespräch und markieren Sie die Wörter.　会話を聞いて、聞こえたものに○をしましょう。

vielleicht　　Wochentag　　gesehen　　essen　　singen

gegangen　　habe　　schade　　Theater　　schon

B Sprechen Sie mit Ihrem Nachbarn.　隣の人と意見を交換しましょう。

| Wo war Mari? | Haben sie zusammen das |
Mari はどこにいましたか。| Wochenende verbracht? |

Wo war Mari?
Mari はどこにいましたか。
☐ in Kobe　☐ in Osaka
☐ in Kyoto

Haben sie zusammen das
Wochenende verbracht?
二人は週末一緒に過ごしましたか。
☐ Ja.　☐ Nein.

Warum glauben
Sie das?
どうしてそう思いますか。

🎧 069　**Aussprache**　Sprechen Sie.　発音してみましょう。

ä	Äpfel　Ärztin　Käse　Fähre　Anfänger
ö	Österreich　möchte　schön　König　Öko-Tasche
ü	Schüler　Brüder　geübt　Brücke　über

ä	口を開く大きさに注目。
ö	o の口で「エ」と言います。
ü	u の口で「イ」と言います。口の形はどうなっていますか？ u や o を思い出します。

2 Wortschatz und Ausdruck

070 **A** **Vergleichen Sie die Sätze.** 文を比較してみましょう。文法の違いはありますか。

① Wir haben in Shibuya Karaoke gesungen.

② Am Mittwoch und am Donnerstag bin ich zur Uni gegangen.

③ Ich habe die Tasche gekauft.

④ Ich bin um sechs Uhr aufgestanden.

⑤ Ich bin in der Nacht aufgewacht.

sein + 過去分詞
haben + 過去分詞

071 **B** **Übersetzen Sie die Sätze.** 訳してみましょう。

a) Am Freitag bin ich nach dem Unterricht gleich in die Bibliothek gegangen.

b) Am Montag bin ich nach Shibuya gefahren.

c) Am Montag und am Freitag bin ich zur Uni gegangen.

d) Ich bin in den Ferien nach Paris geflogen.

e) Meine Mutter ist um 7 Uhr in Machida angekommen.

C **Sie möchten eine Fahrkarte im Internet kaufen. Was tragen Sie ein? Ordnen Sie zu.**
インターネットで切符を買う場合、どこに次の情報を入れるでしょうか。

人数　　出発時間　　目的地　　出発地　　クラス（1 等、2 等）　　割引　　日にち

DB　　Die Abkürzung von _____

Hbf　　Die Abkürzung von _____　　　　die Abkürzung von　〜の省略形

70

3 Dialogtext

Warst du in Osaka?

M: Mari   K: Klaus

M: Hallo, Klaus!

K: Tag, Mari! Ah, ich habe dich vielleicht am Wochenende in Osaka _____.
Warst du in Osaka?

M: Ja, ich war in Osaka. Warst du auch da?

K: Ja, ich bin nach Kobe _____ und habe mit meiner Familie in Osaka
gegessen. Und wir _____ zu den USJ gegangen. Ich habe dich nicht
angesprochen, denn ich war mir nicht sicher und hatte auch keine Zeit.

M: Schade.

K: Und was hast du dort gemacht? Wohin bist du noch gefahren?

M: Ich habe meine Freunde getroffen. Sie wohnen in Osaka.
Wir haben eingekauft und sind ins Theater gegangen.

K: Ah, schön. Wie war das Theater?

M: Es hat mir viel Spaß gemacht.

A Hören Sie noch einmal den Dialog und ergänzen die Sie Lücken.
会話をもう一度聞いて、空欄を埋めましょう。

B Sprechen Sie den Dialog.　発音してみましょう。

C Variieren Sie den Dialog.　会話の内容を変えて練習しましょう。

D 3 Min. Chat Schließen Sie das Buch und variieren Sie den Dialog.
教科書を閉じて自由に会話しましょう。

Ich habe dich gestern gesehen.

Warst du in ...?

Wir sind zu den USJ gegangen. Ich bin ins Theater gegangen. Ich bin nach Kobe gefahren

71

🎧▶072 A ① **Aussprache** 🔊 Sprechen Sie und Ihr Partner rät.　　　　　ä/ö/ü-Übung
どちらかをそれぞれ選んで発音し、どちらを発音したか当てましょう。

1) □ä 　□e 　　　　4) □Apfel 　□Äpfel

2) □ü 　□u 　　　　5) □über 　□oben

3) □ö 　□e 　　　　6) □möchte 　□mochte

🎧▶073 ② Sprechen Sie.　発音してみましょう。

1) Wochenende 　　4) müde 　　　7) Töchter

2) Schüler 　　　　5) alt 　　　　8) schon

3) jünger 　　　　6) können 　　　9) kennen

B Sprechen Sie zu zweit.　知っている動詞をあげて sein と haben どちらを使うか言いましょう。

A: treffen 　　　B: haben

A: gehen 　　　　B: sein

C Schreiben Sie mit Ihrem Nachbarn die Sätze von 2 B ins Präsens um.
ペアで 2 B の文を現在形に書き換えて言いましょう。

a) _____

b) _____

c) _____

d) _____

e) _____

D Bilden Sie möglichst viele Sätze. Benutzen Sie jedes Mal ein anderes Subjekt. Die Gruppe, die die meisten gemacht hat, gewinnt!

２～３人のグループで、下の単語を使ってドイツ語の過去の文を作りましょう。主語は毎回変えてください。５分でたくさん作れたチームの勝ち！

zur Uni
zum Arzt
nach Deutschland

sind
bin
ist
bist

ich
er
sie
du

habe
hast
hat
haben

gehen
fahren
kommen
umsteigen

in Yokohama
in Osaka
hier

im Sommer
am Montag
am Nachmittag

meine Freunde treffen
Musik hören
Sport machen

vorgestern
gestern
heute

diese Woche
letztes Jahr
letzte Woche

Beispiel: Ich habe im Sommer meine Freunde getroffen.

_____

_____

_____

_____

E Sprechen Sie zu zweit, wohin Sie letzte Woche gefahren sind und was Sie dort gemacht haben. Stellen Sie Fragen und Ihr Gesprächspartner antwortet.

ペアで先週どこに行って、何をしたのか話しましょう。質問をして、相手に答えてもらいましょう。

73

5 **Grammatikübersicht**

I 現在完了形 (2)

Ich **bin** nach Kobe **gefahren** und **habe** mit meiner Familie in Osaka **gegessen**.

私は神戸へ行き、大阪で家族と食事をしました。

この文は und をはさんで現在完了形の形が異なります。

前半　　主語 + seinの変化形 + (nach Kobe) + 過去分詞
後半　　主語 + habenの変化形 + (mit ~ in Osaka) + 過去分詞

II **sein** と **haben** の使い分け

sein と共に現在完了形を作る動詞

場所の移動を表す動詞	gehen, kommen, fliegen など
状態の変化を表す動詞	auf|wachen, ein|schlafen, werden など
特別な動詞	sein, bleiben など

ほとんどの動詞は haben と共に現在完了形を作ることができますが、同じ動詞でも意味によって使い分ける場合もあります。覚えるまでは辞書で確認することが必要です。

sehen	→gesehen (+haben)
essen	→gegessen (+haben)
an|sprechen	→angesprochen (+haben)
machen	→gemacht (+haben)
treffen	→getroffen (+haben)
ein|kaufen	→eingekauft (+haben)
fahren	→gefahren (+sein/haben)

74

Heute möchte ich Ihnen eine Stadt in Deutschland vorstellen.

Lernziele

eine Stadt vorstellen
都市紹介をする

1 Hören

🎧 074 **A** Hören Sie die Presentation und kreuzen Sie die richtigen Wörter an.
プレゼンテーションを聞いて正しい語に×印を入れましょう。

| Stadt/Land | ☐ München | ☐ Frankreich | ☐ Dresden |
| | ☐ Frankfurt | ☐ Deutschland | ☐ Nürnberg |

| Essen | ☐ Stollen | ☐ Lebkuchen | ☐ Kekse | ☐ Torten | ☐ Bratwurst |

| Seit wann? | ☐ seit 900 | ☐ seit 1393 | ☐ seit 1530 | ☐ seit 2018 |

B Sprechen Sie mit Ihrem Nachbarn.　隣の人と意見を交換しましょう。

Was ist hier das Thema?
ここのテーマは何でしょう。
☐Karneval ☐Weihnachtsmarkt ☐Ostern

Was wissen Sie über Weihnachten in deutschsprachigen Ländern?
ドイツ語圏のクリスマスについて何を知っていますか？

🎧 075 **Aussprache** Sprechen Sie.　発音してみましょう。

短母音＋**ss**　　　Fluss　passen　Kasse　Tasse　Kuss　Reisepass

長母音／二重母音＋ß　Straße　heißen　schließen　schießen　wegschmeißen

🎧▶076 **A** Verbinden Sie die deutsche mit der japanischen Übersetzung. ドイツ語と日本語を結びつけましょう。

das Gebäude •　　　　　　　　• 教会、大聖堂

die Geschichte •　　　　　　　• 市庁舎、市場

das Essen, die Süßigkeit •　　　• 飲み物、ワイン、ビール

das Getränk, der Wein, das Bier •　• 名所

die Sehenswürdigkeit •　　　　　• 食べ物、スイーツ

die Kirche, der Dom •　　　　　• 建物

die Musik, die Oper, das Theater •　• 歴史

das Rathaus, der Markt •　　　　• 有名人、作家、作曲家

die berühmte Person, der Dichter, der Komponist •　• 音楽、オペラ、演劇

Ich möchte Ihnen eine Stadt/die Stadt A vorstellen. ある都市／都市Aの紹介をしたいと思います。

Seit ...（年）gibt es B. …年以来、Bがあります。

Seit 2000 gibt es viele Geschäfte.　2000年から、たくさんの店が並んでいます。

... ist / sind bekannt. …が有名です。

Der Kuchen ist sehr bekannt.　ケーキはとても有名です。

... wurde / wurden + 過去分詞 …は…されました。

Die Brücke wurde 1200 gebaut.　この橋は1200年に建てられました。

Vielen Dank für Ihre Aufmerksamkeit.　ご清聴ありがとうございました。

🎧▶077 **B** Jahreszahlen 西暦

1998　neunzehnhundertachtundneunzig　1999年までの年号：19 + 100 + 98の順に読む。

2023　zweitausenddreiundzwanzig　2000年以降：2 + 1000 + 23の順に読む。

C es gibt + 名詞の4格（～⁴がある、いる）　*there is / there are*　人・物・事の単数・複数に使えます。

Es gibt hier ein Museum.　　Gibt es einen Kuchen?

Gibt es etwas Neues?　etwas Neues = *something new*

Es gibt am Strand immer viele Leute.　am Strand 海辺に

D Wir haben + 名詞の4格（～⁴がある）

Wir haben einen Turm. Der Turm ist 634 Meter hoch. Er heißt „Tokyo Skytree".

3 Presentation

 074

Heute möchte ich Ihnen eine Stadt in Deutschland vorstellen.

Guten Tag. Heute möchte ich Ihnen eine Stadt in Deutschland vorstellen. _____ Sie Frankfurt?

Letzten Winter im Dezember bin ich nach Deutschland gereist. Dort habe ich den Frankfurter Weihnachtsmarkt kennengelernt. Der Weihnachtsmarkt war sehr schön und interessant. Es waren dort sehr viele Besucher. Seit 1393 gibt es _____. Und er ist sehr alt. Ich habe Glühwein getrunken und Bratwurst mit Pommes frites gegessen. Der Stollen hat mir auch gut _____. Probieren Sie ihn bitte einmal. Sie können ihn auch in Japan kaufen. Der Römer, das Goethehaus, die Europäische Zentralbank und die Museen am Main sind in Frankfurt auch bekannt. Die Stadt hat mir sehr gut gefallen und es hat viel Spaß gemacht. Ich empfehle Ihnen eine Reise nach Frankfurt.

A Hören Sie noch einmal die Presentation und ergänzen Sie die Lücken.
プレゼンテーションをもう一度聞いて、空欄を埋めましょう。

B Üben Sie schnell zu lesen und dann sprechen Sie simultan mit der Aufnahme.
速く読む練習をしたのち、音声と同時に発音してみましょう。

C Variieren Sie den Text. Was und wo haben Sie gegessen und getrunken?
適当な地名を使い、好きな食べ物と飲み物を使って言い換えましょう。

D **3 Min. Chat** Schließen Sie das Buch und sprechen Sie nochmals **C**. Benutzen Sie Notizen. 教科書を閉じて、もう一度 **C** の内容を話してみましょう。メモを見ながらで構いません。

77

4 Spiele

A **Aussprache** 🎧 Hören Sie gut zu und schreiben Sie. Sie hören die Wörter dreimal.
よく聞いて書きましょう。それぞれ3回ずつ読まれます。

1) _____

2) _____

3) _____

4) _____

B **Wann sind die Personen geboren?**　人物の生まれた年を言いましょう。

Beispiel: Goethe wurde 1749 in Frankfurt geboren.

　　　　Ich bin 2005 in Japan geboren.

Einstein (1879)　　　　織田信長 (1534)　　　　ich (　　　　　　)

　　　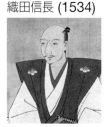　　　

Deutschland　　　　　　Japan

C **Projekt**　プロジェクト

① Nennen Sie die Städte.　都市を挙げましょう。

　・Ihre Heimat　故郷

　・eine Stadt in den deutschsprachigen Ländern　ドイツ語圏の都市

② Recherchieren Sie eine Stadt in den deutschsprachigen Ländern oder sammeln Sie Informationen über Ihre Heimat. Machen Sie sich Notizen.
ドイツ語圏の都市や故郷について情報を集めます。メモを取りましょう。

③ Mit den Notizen schreiben Sie einen Text.　メモ書きからテキストを作成します。

④ Üben Sie die Aussprache.　発音を練習しましょう。

⑤ Lesen Sie den Text zuerst in der Gruppe vor. Stellen Sie ihn in der Klasse vor!
Oder präsentieren Sie zu dritt oder zu viert eine Stadt. Sie können PowerPoint benutzen oder ein Poster schreiben.
グループで発表したのち、クラスで発表します。または3〜4人のグループで都市紹介をします。その際、パワーポイントを使用したり、ポスターを書いてもいいでしょう。

D Welche Landeshauptstadt passt zu welchem Land? 州都と州を正しく組み合わせましょう。

Landeshauptstadt (州都)	Größe (km²)	Bevölkerung (人口)	Land (州)
	891	3.644.826	Berlin
	217	619.294	Nordrhein-Westfalen
	310	1.471.508	Bayern
	328	554.649	Sachsen
	208	538.068	Hessen
	204	532,163	Niedersachsen

aus: Statistisches Bundesamt 31.12.2018

Berlin Wiesbaden Düsseldorf
München Dresden Hannover

E Stellen Sie eine Stadt aus **D** vor. **D** の都市を紹介してみましょう

F Benutzen Sie Mimik und Gestik. 表情やジェスチャーを使いましょう。
Wie drücken sich die Deutschen aus, wenn ... ドイツ人はどのように表現するでしょうか。

froh (嬉しい)　　traurig (悲しい)　　überrascht (驚いた)　　wehtun (痛い)
ärgerlich (怒っている)　　enttäuscht (がっかりした)

Quiz　次の人物を知っていますか？それぞれの人物と関係のある事柄を選びましょう。

Brüder Grimm (　) 　 Michael Ende (　) 　 Karl Marx (　)

Martin Luther (　) 　 Herbert von Karajan (　) 　 Wolfgang Amadeus Mozart (　)

Wilhelm Conrad Röntgen (　) 　 Sigmund Freud (　) 　 Albert Einstein (　)

Oskar Schindler (　) 　 Anne Frank (　) 　 Johannes Gutenberg (　)

Gregor Johann Mendel (　) 　 Johann Sebastian Bach (　)

Roger Federer (　) 　 Angela Merkel (　) 　 Adolf Hitler (　)

① モモ　　② X線　　③ 遺伝学　　④ テニス　　⑤ 指揮者　　⑥ 宗教改革
⑦ 相対性理論　　⑧ 赤ずきん　　⑨ 心理学　　⑩ ドイツ首相　　⑪ ホロコースト
⑫ 共産党宣言　　⑬ 日記　　⑭ 活版印刷技術発明　　⑮ ユダヤ人救済
⑯ フィガロの結婚　　⑰ バロック音楽

興味のある人物を調べて、プレゼンテーションにチャレンジ！

5 Grammatikübersicht

I 3格と共に使う動詞

schmecken, gefallenなど、人の3格と共に使う動詞を覚えましょう。
和訳と一致しない場合もあります。

Der Stollen hat **mir** auch gut **geschmeckt**.　　そのシュトレンは私にもとてもおいしかった。

Die Stadt hat **mir** sehr gut **gefallen**.　　　　その都市を私はとても気に入りました。

II 4格と共に使う動詞（→ L.7）　**es gibt + 4格**

Seit 1393 **gibt es ihn**.　(ihn = den Frankfurter Weihnachtsmarkt)

1393年からフランクフルトのクリスマス市があります (開催されています)。

人称代名詞

1格	ich	du	er	sie	es	wir	ihr	Sie	sie
3格	mir	dir	ihm	ihr	ihm	uns	euch	Ihnen	ihnen
4格	mich	dich	ihn	sie	es	uns	euch	Sie	sie

III 人称代名詞3格、4格を使う文

Heute möchte ich **Ihnen** eine Stadt in Deutschland vorstellen.

今日、私はあなたたちにドイツの都市を紹介したいと思います。

Ich empfehle **Ihnen** eine Reise nach Frankfurt.

あなたたちにフランクフルトへ旅行することを勧めます。

Wiederholung 2

Leseverstehen

Lesen Sie das Tagebuch und antworten Sie auf die Fragen.
日記を読んで質問に答えましょう。

 ▶079

Heute Morgen war ich sehr glücklich. Ich habe bis 10 Uhr geschlafen. Gestern war ich sehr müde und wollte lange schlafen. Meine Mutter hat besonders viel gekocht, denn meine Tante hat uns besucht. Das Essen war wirklich lecker. Wir haben viel geredet. Am Abend musste sie wieder nach Hause. Meine Tante war sehr nett und hat mir Taschengeld gegeben! Ich habe deshalb sofort meine Freundin angerufen und wir sind noch zusammen ins Kino gegangen. Ich habe Popcorn gekauft und Cola getrunken. Soll ich jetzt auch ein bisschen lernen? Vielleicht morgen. Heute gehe ich nur noch ins Bett. Na ja, wenigstens habe ich auf Deutsch Tagebuch geschrieben.

geredet < reden　話す　　das Taschengeld　こづかい　　deshalb　だから
sofort　すぐに　　wenigstens　少なくとも

	richtig	falsch
1) Ich habe lange gefrühstückt.	☐	☐
2) Meine Tante ist zu uns gekommen.	☐	☐
3) Meine Mutter hat mir Geld gegeben.	☐	☐
4) Mit meiner Freundin habe ich einen Film gesehen.	☐	☐
5) Am Abend habe ich noch viel gelernt.	☐	☐

Schreiben

Formen Sie die folgenden Sätze ins Perfekt um.　次の文章を現在完了形にしてください。

1) Ich fahre am Samstag nach Hakone.

2) Ab zwei Uhr arbeite ich.

3) Ich komme erst um 10 Uhr am Abend nach Hause.

4) Am Morgen sehe ich oft fern.

5) Heute rufe ich meine Eltern an.

6) Ich stehe um halb sieben auf.

Schreiben Sie Ihr Tagebuch und tauschen Sie es mit Ihrem Nachbarn oder in der Gruppe aus. Kommentieren Sie das Tagebuch. 日記を付けて、となりの人、あるいはグループで交換して、コメントを書きましょう。

Mein Tagebuch

Hörverstehen

🎧▶080 **A** Hören Sie die Wörter gut und verbinden Sie sie. よく聞いて、単語を線で結んでください。

● ah ● ach

● Brot

● Band   ● Boot

● wandern

● nur   ● kennen

● null   ● können

● schicken   ● Wein

● wieder   ● schenken   ● Bein

● bitten   ● Kuchen ● kochen

● sehen ● gehen   ● Rad

● Spur   ● Land

● Fund ● Hund   ● Sport

● Tor

● mochte ● möchte   ● Tal

● Tage

● Tag   ● blau

● wohnen   ● braun ● Glühwein

● laut   ● Grüntee

● Raum   ● Bohnen

🎧▶081 **B** Antworten Sie auf die Fragen. Schreiben Sie und sprechen Sie dann. Sie hören die Sätze dreimal. 音声を聞いて、質問に答えましょう。答えを書いて、声に出してみましょう。それぞれ3回ずつ読まれます。

1) _____

2) _____

3) _____

4) _____

5) _____

6) _____

82

■ 主要不規則動詞変化一覧表 ■

不定詞	直説法		接続法 第2式	過去分詞
	現在	過去		
beginnen はじめる		**begann**	begänne (begönne)	**begonnen**
bieten 提供する		**bot**	böte	**geboten**
binden 結ぶ		**band**	bände	**gebunden**
bitten たのむ		**bat**	bäte	**gebeten**
bleiben とどまる		**blieb**	bliebe	**geblieben**
brechen やぶる	*du* brichst *er* bricht	**brach**	bräche	**gebrochen**
bringen 運ぶ		**brachte**	brächte	**gebracht**
denken 考える		**dachte**	dächte	**gedacht**
dürfen …してもよい	*ich* darf *du* darfst *er* darf	**durfte**	dürfte	**dürfen** 〈**gedurft**〉
empfehlen 勧める	*du* empfiehlst *er* empfiehlt	**empfahl**	empföhle (empfähle)	**empfohlen**
entscheiden 決定する		**entschied**	entschiede	**entschieden**
essen たべる	*du* isst *er* isst	**aß**	äße	**gegessen**
fahren 乗り物で行く	*du* fährst *er* fährt	**fuhr**	führe	**gefahren**
fallen 落ちる	*du* fällst *er* fällt	**fiel**	fiele	**gefallen**
fangen 捕える	*du* fängst *er* fängt	**fing**	finge	**gefangen**
finden 見つける		**fand**	fände	**gefunden**
fliegen 飛ぶ		**flog**	flöge	**geflogen**
geben 与える	*du* gibst *er* gibt	**gab**	gäbe	**gegeben**
gehen 行く		**ging**	ginge	**gegangen**
gelingen うまくいく	*es* gelingt	**gelang**	gelänge	**gelungen**

不定詞	直説法 現在		直説法 過去	接続法 第2式	過去分詞
geschehen 起こる	*es*	geschieht	**geschah**	geschähe	**geschehen**
gewinnen 勝つ			**gewann**	gewänne (gewönne)	**gewonnen**
greifen つかむ			**griff**	griffe	**gegriffen**
haben もっている	*du* *er*	hast hat	**hatte**	hätte	**gehabt**
halten つかんでいる	*du* *er*	hältst hält	**hielt**	hielte	**gehalten**
hängen 掛かっている			**hing**	hinge	**gehangen**
heben 持ち上げる			**hob**	höbe (hübe)	**gehoben**
heißen (…という) 名である	*du* *er*	heißt heißt	**hieß**	hieße	**geheißen**
helfen 助ける	*du* *er*	hilfst hilft	**half**	hülfe (hälfe)	**geholfen**
kennen 知る			**kannte**	kennte	**gekannt**
kommen 来る			**kam**	käme	**gekommen**
können …できる	*ich* *du* *er*	kann kannst kann	**konnte**	könnte	**können** 〈**gekonnt**〉
laden 積む	*du* *er*	lädst (ladest) lädt (ladet)	**lud**	lüde	**geladen**
lassen させる	*du* *er*	lässt lässt	**ließ**	ließe	**gelassen** 〈**lassen**〉
laufen 走る	*du* *er*	läufst läuft	**lief**	liefe	**gelaufen**
lesen 読む	*du* *er*	liest liest	**las**	läse	**gelesen**
liegen 横たわっている			**lag**	läge	**gelegen**
lügen うそをつく			**log**	löge	**gelogen**
mögen …かもしれない	*ich* *du* *er*	mag magst mag	**mochte**	möchte	**mögen** 〈**gemocht**〉
müssen …しなければならない	*ich* *du* *er*	muss musst muss	**musste**	müsste	**müssen** 〈**gemusst**〉

不定詞	直説法 現在	直説法 過去	接続法 第2式	過去分詞
nehmen 取る	*du* nimmst *er* nimmt	**nahm**	nähme	**genommen**
nennen 名づける		**nannte**	nennte	**genannt**
raten 助言する	*du* rätst *er* rät	**riet**	riete	**geraten**
rufen 呼ぶ		**rief**	riefe	**gerufen**
scheinen 輝く		**schien**	schiene	**geschienen**
schlafen 眠る	*du* schläfst *er* schläft	**schlief**	schliefe	**geschlafen**
schlagen 打つ	*du* schlägst *er* schlägt	**schlug**	schlüge	**geschlagen**
schließen 閉じる	*du* schließt *er* schließt	**schloss**	schlösse	**geschlossen**
schneiden 切る		**schnitt**	schnitte	**geschnitten**
schreiben 書く		**schrieb**	schriebe	**geschrieben**
schreien 叫ぶ		**schrie**	schriee	**geschrien**
schweigen 黙っている		**schwieg**	schwiege	**geschwiegen**
schwimmen 泳ぐ		**schwamm**	schwömme (schwämme)	**geschwommen**
sehen 見る	*du* siehst *er* sieht	**sah**	sähe	**gesehen**
sein ある	*ich* bin *du* bist *er* ist *wir* sind *ihr* seid *sie* sind	**war**	wäre	**gewesen**
singen 歌う		**sang**	sänge	**gesungen**
sitzen すわっている	*du* sitzt *er* sitzt	**saß**	säße	**gesessen**
sollen …すべきである	*ich* soll *du* sollst *er* soll	**sollte**	sollte	**sollen** 〈**gesollt**〉
sprechen 話す	*du* sprichst *er* spricht	**sprach**	spräche	**gesprochen**

不定詞	直説法 現在	過去	接続法 第2式	過去分詞
springen 跳ぶ		**sprang**	spränge	**gesprungen**
stehen 立っている		**stand**	stünde (stände)	**gestanden**
stehlen 盗む	*du* stiehlst *er* stiehlt	**stahl**	stähle	**gestohlen**
steigen のぼる		**stieg**	stiege	**gestiegen**
sterben 死ぬ	*du* stirbst *er* stirbt	**starb**	stürbe	**gestorben**
streiten 争う		**stritt**	stritte	**gestritten**
tragen 運ぶ	*du* trägst *er* trägt	**trug**	trüge	**getragen**
treffen 会う	*du* triffst *er* trifft	**traf**	träfe	**getroffen**
treten 歩む	*du* trittst *er* tritt	**trat**	träte	**getreten**
trinken 飲む		**trank**	tränke	**getrunken**
tun する		**tat**	täte	**getan**
vergessen 忘れる	*du* vergisst *er* vergisst	**vergaß**	vergäße	**vergessen**
verlieren 失う		**verlor**	verlöre	**verloren**
wachsen 成長する	*du* wächst *er* wächst	**wuchs**	wüchse	**gewachsen**
waschen 洗う	*du* wäschst *er* wäscht	**wusch**	wüsche	**gewaschen**
werden なる	*du* wirst *er* wird	**wurde**	würde	**geworden** 〈**worden**〉
werfen 投げる	*du* wirfst *er* wirft	**warf**	würfe	**geworfen**
wissen 知っている	*ich* weiß *du* weißt *er* weiß	**wusste**	wüsste	**gewusst**
wollen …するつもりだ	*ich* will *du* willst *er* will	**wollte**	wollte	**wollen** 〈**gewollt**〉
ziehen 引く		**zog**	zöge	**gezogen**

Wortliste

人称代名詞、定冠詞類、不定冠詞類、文法用語、数字、都市名、設問で扱われた単語は掲載してありません。

Y

Z

コミュニケーションツールとしての
ドイツ語をいっしょに学ぼう！（改訂版）

2021 年 2 月 20 日　　第 1 版発行
2023 年 9 月 10 日　　第 2 版発行

著　　者　　小笠原　藤子（おがさわら　ふじこ）
　　　　　　永井　千鶴子（ながい　ちづこ）
発行者　　　前田俊秀
発行所　　　株式会社　三修社
　　　　　　〒 150-0001　東京都渋谷区神宮前 2-2-22
　　　　　　TEL 03-3405-4511
　　　　　　FAX 03-3405-4522
　　　　　　振替 00190-9-72758
　　　　　　https://www.sanshusha.co.jp/
　　　　　　編集担当　永尾　真理
印刷所　　　港北メディアサービス株式会社

表紙デザイン　　岩泉　卓也
イラスト　　　　市川　さとみ

文法表

1 動詞の語尾変化 kommen

ich	komme	wir	kommen
Sie	kommen	Sie	kommen
du	kommst	ihr	kommt
er/sie/es	kommt	sie	kommen

2 sein

ich	bin	wir	sind
Sie	sind	Sie	sind
du	bist	ihr	seid
er/sie/es	ist	sie	sind

3 haben

ich	habe	wir	haben
Sie	haben	Sie	haben
du	hast	ihr	habt
er/sie/es	hat	sie	haben

4 不規則動詞の主な変化 ①

ich	fahre	wir	fahren
Sie	fahren	Sie	fahren
du	fährst	ihr	fahrt
er/sie/es	fährt	sie	fahren

不規則動詞の主な変化 ②

ich	spreche	wir	sprechen
Sie	sprechen	Sie	sprechen
du	sprichst	ihr	sprecht
er/sie/es	spricht	sie	sprechen

不規則動詞の主な変化 ③

ich	sehe	wir	sehen
Sie	sehen	Sie	sehen
du	siehst	ihr	seht
er/sie/es	sieht	sie	sehen

5 話法の助動詞

	können	müssen	dürfen	wollen	sollen	mögen	möchte
ich	kann	muss	darf	will	soll	mag	möchte
du	kannst	musst	darfst	willst	sollst	magst	möchtest
er/sie/es	kann	muss	darf	will	soll	mag	möchte
wir	können	müssen	dürfen	wollen	sollen	mögen	möchten
ihr	könnt	müsst	dürft	wollt	sollt	mögt	möchtet
sie	können	müssen	dürfen	wollen	sollen	mögen	möchten
Sie	können	müssen	dürfen	wollen	sollen	mögen	möchten

6 冠詞

① 定冠詞

	男性名詞		女性名詞		中性名詞		複数名詞	
1格	der	Vater	die	Mutter	das	Kind	die	Kinder
2格	des	Vaters	der	Mutter	des	Kindes	der	Kinder
3格	dem	Vater	der	Mutter	dem	Kind	den	Kindern
4格	den	Vater	die	Mutter	das	Kind	die	Kinder

② 不定冠詞

	男性名詞		女性名詞		中性名詞	
1格	ein	Bruder	eine	Schwester	ein	Kind
2格	eines	Bruders	einer	Schwester	eines	Kindes
3格	einem	Bruder	einer	Schwester	einem	Kind
4格	einen	Bruder	eine	Schwester	ein	Kind

③ 所有冠詞 mein, dein と否定冠詞 kein

	男性名詞		女性名詞		中性名詞		複数名詞	
1格	mein	Bruder	meine	Schwester	mein	Kind	meine	Kinder
2格	meines	Bruders	meiner	Schwester	meines	Kindes	meiner	Kinder
3格	meinem	Bruder	meiner	Schwester	meinem	Kind	meinen	Kindern
4格	meinen	Bruder	meine	Schwester	mein	Kind	meine	Kinder

7 人称代名詞

1格	3格	4格		1格	3格	4格
ich	mir	mich		wir	uns	uns
Sie	Ihnen	Sie		Sie	Ihnen	Sie
du	dir	dich		ihr	euch	euch
er	ihm	ihn				
sie	ihr	sie		sie	ihnen	sie
es	ihm	es				

Arbeitsbuch

verbesserte Auflage

Fujiko Ogasawara
Chizuko Nagai

Supergut!

Ein kommunikatives
Lehrwerk
für Anfänger

Niveau A1.1

SANSHUSHA

Guten Tag!

Übungen

1 日本語はドイツ語に、ドイツ語は日本語にしましょう。

1) こんにちは _____! 2) Auf Wiedersehen! _____

3) バイバイ _____! 4) Guten Morgen! _____

5) Gute Nacht! _____ 6) こんばんは _____!

2 動詞の語尾を入れましょう。

1) Ich heiß___ Ichiro Suzuki.

2) Komm___ Sie aus China?

3) Ich wohn___ in Osaka.

4) Wie heiß___ Sie?

3 sein(be動詞)の変化を入れましょう。

1) Mein Name _____ Rika Nakamura.

2) Ich _____ 19 Jahre alt.

3) Ich _____ Ryou.

4 必要な前置詞を補いましょう。

1) Kommen Sie _____ Okinawa?

2) Ich wohne _____ Korea.

3) Ich komme _____ Deutschland, _____ Berlin.

5 次の自己紹介文を読み、空欄を埋めましょう。

> Guten Morgen! Ich heiße Erika
> Watanabe. Freut mich! Ich komme aus
> Japan. Ich wohne in Nagoya. Ich bin
> 20 Jahre alt.

Name（名前） _____

Herkunft（出身地） _____

Wohnort（居住地） _____

Alter（年齢） _____

6 動詞を変化させて、ドイツ語にしましょう。

1) 私は大阪に住んでいます。   ich/wohnen/in Osaka

_____

2) 私は日本から来ました。   ich/kommen/aus Japan

_____

3) 私は18歳です。   ich/sein/achtzehn/Jahre/alt

_____

Wortschatz und Ausdruck

Begrüßungen 挨拶

Guten Morgen! _____

Guten Tag! _____

Guten Abend! _____

Gute Nacht! _____

Hallo! _____

Tschüs! _____

Auf Wiedersehen! _____

Freut mich! _____

Länder 国

das Land, ̈er _____

Japan _____

Deutschland _____

Österreich _____

Liechtenstein _____

die Schweiz _____

die Türkei _____

Italien _____

Frankreich _____

Russland _____

Spanien _____

China _____

Korea _____

kommen _____

kommen aus + 国 / 地名 _____

wohnen _____

wohnen in + 国 / 地名 _____

Weitere Wörter その他

数字 Jahre alt sein _____

der Name, -n _____

das Alter, - _____

der Wohnort, -e _____

die Herkunft, ̈e _____

heißen _____

sein _____

und _____

Herr X _____

Frau Y _____

Reflexion

Kreuzen Sie die passenden Aussagen an. 適当なものに×印をつけましょう。

- Wie war es? どうでしたか？

  ☐ Gut! はじめてにしては上出来。　　☐ Die Aussprache ist schwer. 発音が難しい。

  ☐ Es geht. まあまあ。　　☐ Ein bisschen interessant. ちょっと興味が湧いている。

  ☐ Deutsch macht Spaß! ドイツ語は楽しい。　　☐ Ich will mehr sprechen. もっと話したい。

- Die Aussprache 発音ができますか。　　Alphabet アルファベート

  ☐ Kein Problem. 問題なし　　☐ Es geht. まあまあ　　☐ Mehr Übung. 練習が必要

- Neuer Wortschatz 語彙　　☐ Kein Problem.　　☐ Es geht.　　☐ Mehr Übung.

- Neue Grammatik 文法　　☐ Kein Problem.　　☐ Es geht.　　☐ Mehr Übung.

Tipp!

時刻や車のナンバープレートを見るたびに、ドイツ語で数字を言ってみましょう。

2

Wer ist das?

1 日本語はドイツ語に、ドイツ語は日本語にしましょう。

1) どこ _____　　2) wer _____

3) woher _____　　4) どのように _____

5) 何 _____

2 動詞を正しい形に変化させて入れましょう。

1) Woher _____ Sie?　　　　kommen

2) Meine Freundin _____ in Kobe.　　wohnen

3) Wer _____ das?　　　　sein

4) Ich _____ in Deutschland.　　wohnen

3 例を参考に、疑問文に書き換えましょう。

例 Sie kommen aus China.　　→ Kommen Sie aus China?

1) Sie wohnen in Wien.　　　→ _____

2) Das ist Yuri.　　　　　　→ _____

3) Sie heißen Frau Fischer.　→ _____

4 疑問文に答えましょう。Ja, Nein は指示に従って答えましょう。

1) Woher kommen Sie?　　　_____

2) Wie geht's?　　　　　　_____

3) Kommen Sie aus Österreich?　Nein, _____

4) Wohnen Sie in Osaka?　　Ja, _____

5) Heißen Sie Frau Sato?　　Ja, _____

5 次の自己紹介文から間違いを 3 つ見つけましょう。

Ich heißen Ryouma Sakamoto. Mein Vorname ist Ryouma, r-y-o-u-m-a.

Ich kommen aus Deutschland, aber ich wohnen in Kyoto.

_____

_____

6 情報を元に自己紹介文を書きましょう。

Tom Becker
21 歳
London 在住
Berlin 出身

_____

_____

_____

_____

3

Wortschatz und Ausdruck

Befinden 体調

Wie geht's? _____

Wie geht es Ihnen? _____

super _____

sehr gut _____

gut _____

nicht so gut _____

Es geht. _____

schlecht _____

Und Ihnen? _____

Danke, auch gut. _____

Länder 国

Amerika _____

die USA _____

England _____

Weitere Wörter その他

die Freundin, -nen _____

die Lehrerin, -nen _____

buchstabieren _____

danken _____

leben _____

jetzt _____

aber _____

oder _____

in _____

aus _____

was _____

wer _____

wo _____

wie _____

woher _____

ja _____

nein _____

Entschuldigung! _____

Noch einmal, bitte. _____

Reflexion

Kreuzen Sie über den einminütigen Chat an.　1分間チャットについてあてはまるものに印をつけましょう。

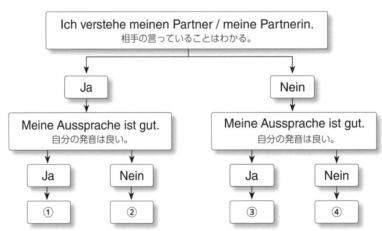

4

① Kein Problem! とりあえず問題なし！

② Sprechen Sie mehr und achten Sie auf die richtige Aussprache.
発音を意識しながら積極的に話してみよう。

③ Beraten Sie Ihren Partner. 相手に何が問題かアドバイスしてあげよう。

④ Wiederholen Sie die Dialoge mit richtiger Aussprache.
会話を正しい発音で繰り返し練習しよう。

Kreuzen Sie die passenden Aussagen an.　適当なものに×印をつけましょう。

- Die Aussprache 発音の区別ができますか。　　　l, r

  ☐ Kein Problem. 問題なし　　☐ Es geht. まあまあ　　☐ Mehr Übung. もっと練習が必要

- Neuer Wortschatz 語彙　☐ Kein Problem.　　☐ Es geht.　　☐ Mehr Übung.

- Neue Grammatik 文法　☐ Kein Problem.　　☐ Es geht.　　☐ Mehr Übung.

Tipp!

r の発音を練習するために最初は水で、それから水なしでうがいをしてみましょう。

Was machst du gern?

Übungen

1 ドイツ語にしましょう。

1) 踊る _____ 2) 話す _____

3) 行く _____ 4) 自転車に乗る _____

5) 音楽を聴く _____ 6) スポーツをする _____

2 sprechen を正しい形に変えて入れましょう。

1) Ich _____ Deutsch.

2) _____ Sie Japanisch?

3) Sie（あなた）_____ gut Italienisch.

4) _____ du auch Koreanisch?

3 質問に Ja, Nein, Doch で答えましょう。

1) Spielen Sie gern Tennis? – _____ , ich spiele gern Tennis.

2) Gehst du nicht gern ins Kino? – _____, ich gehe gern ins Kino.

3) Fahren Sie nicht Rad? – _____, ich fahre nicht Rad.

4) Schwimmst du gut? – _____, ich schwimme sehr gut.

5) Sprichst du nicht Deutsch? – _____, ich spreche Deutsch.

6) Kommen Sie aus Deutschland? – _____, ich komme aus Österreich.

4 動詞を正しい形にして入れましょう。

1) Wann _____ wir ins Café?　　　　　gehen

2) _____ du heute Fußball?　　　　　spielen

3) Ich _____ gut Japanisch.　　　　　sprechen

4) Was _____ du heute?　　　　　machen

5) _____ wir zusammen spazieren?　　　　　gehen

6) Sie（あなた）_____ und _____ gern.　　　　　singen/tanzen

7) _____ du Mari?　　　　　sein

5 動詞を正しい形にしてドイツ語にしましょう。

1) 君は何をするのが好き？　　　　　was/du/machen/gern/?

_____

2) 私はドイツ語を話します。　　　　　ich/sprechen/Deutsch

_____

Wortschatz und Ausdruck

Hobbys 趣味

das Hobby, -s _____

das Kino, -s _____

das Museum, Museen _____

das Theater, - _____

das Konzert, -e _____

das Café, -s _____

das Restaurant, -s _____

die Musik _____

ins _____

in die _____

hören _____

tanzen _____

singen _____

arbeiten _____

kochen _____

schwimmen _____

gehen _____

spazieren _____

essen _____

trinken _____

lernen _____

reisen _____

Rad fahren _____

Auto fahren _____

Comics lesen _____

Klavier spielen _____

Tennis spielen _____

Computerspiele spielen _____

Filme sehen _____

Sport machen _____

gern _____

nicht gern _____

lieber _____

Sprachen 言語

die Sprache, -n _____

Deutsch _____

Englisch _____

Französisch _____

Spanisch _____

Italienisch _____

Chinesisch _____

Japanisch _____

Koreanisch _____

sprechen _____

ein bisschen _____

Weitere Wörter その他

das Haus, ̈er _____

zu Hause _____

der See, -n _____

sehen _____

nehmen _____

fallen _____

sagen _____

hier _____

heute _____

zusammen _____

okay _____

wann _____

warum _____

doch _____

Schade! _____

Reflexion

Kreuzen Sie die passenden Aussagen an. 適当なものに×印をつけましょう。

- Wie war der Chat?　チャットはどうでしたか？

- Was finden Sie dabei wichtig?　上手くいくためには、何が大事ですか？

    ☐ Mimik 表情　　　☐ Gestik ジェスチャー　　☐ Reaktion リアクション　☐ Wortschatz 語彙

    ☐ Atmosphäre 雰囲気　☐ Aussprache 発音　　☐ Sprachtempo 話す速度

- Die Aussprache 発音ができますか。　　sp, st, sch

    ☐ Kein Problem.　問題なし　☐ Es geht.　　まあまあ　　☐ Mehr Übung. 練習が必要

- Neuer Wortschatz 語彙　☐ Kein Problem.　　☐ Es geht.　　☐ Mehr Übung.

- Neue Grammatik 文法　☐ Kein Problem.　　☐ Es geht.　　☐ Mehr Übung.

Tipp!

ドイツ語のサイトをのぞいてみましょう。Schwimmen Deutschland のように、「自分の趣味」
のあとに「ドイツ」と入れると色々と検索ができます。

Das ist meine Familie.

Übungen

1 日本語の意味を書きましょう。

1) interessant _____ 2) nett _____

3) lustig _____ 4) langweilig _____

5) sympathisch _____ 6) hübsch _____

2 mein, meine, dein, deine のいずれかを入れましょう。

1) _____ Vater ist sehr lustig, und _____ Mutter ist ruhig.

2) Das sind _____ Eltern und das sind _____ Kinder.

3) Ist das _____ Schwester?   – Nein, das ist nicht _____ Schwester.

4) Spielt _____ Bruder auch Fußball?   – Ja, _____ Bruder spielt auch Fußball.

3 ich, du, er, sie のいずれかを入れましょう。

Ich bin 19 Jahre alt und Studentin. _____ singe und tanze gern. Das sind meine Eltern.

_____ wohnen in Akita. Meine Mutter ist Lehrerin. _____ spielt gern Tennis und liest auch

gern. Mein Vater arbeitet als Arzt. _____ spricht gut Englisch. Er spielt gern Fußball. Meine

Schwester jobbt als Verkäuferin. _____ ist aktiv und nett. _____ spielt auch gern Tennis.

Spielst _____ auch gern Fußball oder Tennis?

4 動詞を正しい形に変化させて入れましょう。

1) Mein Vater _____ als Lehrer. arbeiten

2) _____ du noch Schüler? sein

3) Sie（彼ら）_____ sehr gut. singen

4) _____ wir zusammen ins Café? gehen

5) _____ deine Mutter auch in Kamakura? wohnen

6) Er _____ Musik und _____ Italienisch. studieren/lernen

7) _____ dein Bruder Englisch? sprechen

5 間違いを5つ見つけ、正しい形に書き直しましょう。

Das ist mein Freundin, Mari. Er spielt sehr gut Klavier. Sie kommen aus Italien und lerne Japanisch.

Sie ist sehr nett und lustig. Jetzt sie wohnt in Tokyo.

_____

_____

6 動詞を変化させてドイツ語にしましょう。

1）君はまだ学生ですか？　　　　　　　　du/sein/noch/Studentin/?

_____

2）こちらは私の姉です。彼女は先生として働いています。

das/sein/meine Schwester/und/sie/arbeiten/als/Lehrerin

_____

Wortschatz und Ausdruck

Familie 家族

die Familie, -n　　　　　　_____

der Vater, ⸚　　　　　　　_____

die Mutter, ⸚　　　　　　_____

die Eltern（複）　　　　　_____

das Ehepaar, -e　　　　　_____

der Mann, ⸚er　　　　　_____

die Frau, -en　　　　　　_____

der Sohn, ⸚e　　　　　　_____

die Tochter, ⸚　　　　　_____

der Onkel, -　　　　　　_____

die Tante, -n　　　　　　_____

der Bruder, ⸚　　　　　_____

die Schwester, -n　　　　_____

die Geschwister（複）　　_____

die Großeltern（複）　　_____

der Großvater, ⸚er　　　_____

der Opa, -s　　　　　　_____

die Großmutter, ⸚　　　_____

die Oma, -s　　　　　　_____

das Kind, -er　　　　　_____

das Enkelkind, -er　　　_____

der Hund, -e　　　　　_____

die Katze, -n　　　　　_____

Berufe 職業／身分

arbeiten (als)　　　　　_____

jobben (als)　　　　　　_____

studieren　　　　　　　_____

der Lehrer, -　　　　　_____

der Arzt, ⸚e　　　　　_____

die Ärztin, -nen　　　　_____

der Hausmann, ⸚er　　_____

die Hausfrau, -en　　　_____

der/die Angestellte, -n　_____

der Beamte, -n　　　　_____

die Beamtin, -nen　　　_____

der Ingenieur, -e　　　_____

die Ingenieurin, -nen　_____

der Verkäufer, -　　　_____

die Verkäuferin, -nen　_____

der Kellner, -　　　　_____

die Kellnerin, -nen　　_____

der Schüler, -　　　　_____

die Schülerin, -nen　　_____

der Student, -en　　　_____

die Studentin, -nen　　_____

der Kindergarten, ⸚　_____

die Schule, -n　　　　_____

die Universität, -en　　_____

die Uni, -s　　　　　_____

Charakter/Aussehen 性格／外見

nett	_____	unsympathisch	_____
lustig	_____	laut	_____
locker	_____	ruhig	_____
intelligent	_____	schlank	_____
streng	_____	dünn	_____
hübsch	_____	dick	_____
schön	_____	jung	_____
interessant	_____	alt	_____
langweilig	_____	sportlich	_____
sympathisch	_____		

Reflexion

Kreuzen Sie die passenden Aussagen an. 適当なものに×印をつけましょう。

- Lernen Sie zu Hause Deutsch? 自宅でドイツ語学習をしていますか。 ☐ Ja   ☐ Nein
- Wenn ja, 「はい」と答えた人

  ☐ jeden Tag 毎日   ☐ zweimal pro Woche 週に2日   ☐ beliebig 気が向いた時

- Wie lange (= How long) lernen Sie?

  ☐ 5-15 Min.   ☐ 30-60 Min.   ☐ mehr als eine Stunde 1時間以上

- Was lernen Sie am meisten? 最も多く学ぶものは何ですか。

  ☐ Wortschatz 語彙   ☐ Grammatik 文法   ☐ Aussprache 発音

- Die Aussprache   発音の区別ができますか。b, w, m, n

  ☐ Kein Problem. 問題なし   ☐ Es geht. まあまあ   ☐ Mehr Übung. 練習が必要

- Neuer Wortschatz 語彙   ☐ Kein Problem.   ☐ Es geht.   ☐ Mehr Übung.
- Neue Grammatik 文法   ☐ Kein Problem.   ☐ Es geht.   ☐ Mehr Übung.

Tipp!

ドイツ語を生活に取り入れましょう。毎日5分！何を学ぶかは自由。

Einkaufen im Laden

Übungen

1 次の単語の複数形を書きましょう。

1) die Wurst _____
2) der Apfel _____
3) die Kartoffel _____
4) der Kugelschreiber _____
5) das Ei _____
6) der Park _____

2 ein, eine, einen, kein, keine, keinen を入れましょう。

1) Wie viel kostet _____ Ei?　　　　卵一個いくらですか？

2) Haben Sie _____ Apfel?　　　　リンゴを一個持っていますか？

3) Er braucht _____ Haus.　　　　彼は家を一軒必要としています。

4) Sie hat _____ Kugelschreiber.　　　　彼女はボールペンを持っていない。

5) Ich hätte gern _____ Orange.　　　　オレンジを一つ欲しいのですが。

6) Zu Hause trinke ich _____ Kaffee und _____ Tee.
   家ではコーヒーもお茶も飲まない。

7) Brauchen Sie _____ Eier?　　　　卵は必要ではないのですか？

8) Hast du _____ Katze?　　　　君は猫を飼っているの？

3 動詞を変化させて入れましょう。

1) Was _____ du?　　　　　　　　　　haben

2) Wie viele Eier _____ du?　　　　　　brauchen

3) _____ Sie Tomaten und Bananen?　　möchte

4) Ich _____ 250 Gramm Käse.　　　　　nehmen

5) Das _____ 24 Euro.　　　　　　　　　machen

6) Ich _____ gern Kartoffeln.　　　　　hätte

7) _____ du eine Flasche Wein?　　　　suchen

8) Was _____ Sie?　　　　　　　　　　wünschen

4 名詞を4格にして入れて文を完成させましょう。

1) Ich kaufe _____.　　　　　ein Brötchen

2) Haben Sie _____?　　　　ein Kugelschreiber

3) Er nimmt _____.　　　　　der Käse

4) Brauchen Sie _____?　　　eine Tüte

5) Wir haben _____.　　　　　keine Äpfel

12

5 動詞を正しい形にしてドイツ語にしましょう。

1) レモン一個いくらですか？　　　　　eine Zitrone/kosten/wie viel

_____

2) 君のお母さんはそのチーズを必要なの？　deine Mutter/den Käse/brauchen

_____

Wortschatz und Ausdruck

Essen und Getränke 飲食

die Tomate, -n	_____
die Butter	_____
der Käse	_____
der Apfel, ¨	_____
das Obst	_____
die Orange, -n	_____
die Erdbeere, -n	_____
die Banane, -n	_____
die Zitrone, -n	_____
das Gemüse, -	_____
der Salat, -e	_____
die Kartoffel, -n	_____
die Zwiebel, -n	_____
die Gurke, -n	_____
das Fleisch	_____
der Fisch, -e	_____
die Wurst, ¨e	_____
der Schinken, -	_____
das Brot, -e	_____
das Brötchen, -	_____
das Buttercroissant, -s	_____
der Reis	_____
die Nudeln（複）	_____
der Kuchen, -	_____
die Schokolade	_____
das Eis	_____
das Ei, -er	_____
die Pizza, Pizzen	_____
das Getränk, -e	_____
das Wasser	_____

der Wein	_____
das Bier	_____
die Milch	_____
der Kaffee	_____
der Tee	_____
die Cola	_____
der Saft	_____

Einkaufen 買い物

die Flasche, -n	_____
die Dose, -n	_____
die Packung, -en	_____
das Stück	_____
das Gramm, -	_____
der Euro, -	_____
der Cent, -	_____
der Kugelschreiber, -	_____
die Tüte, -n	_____
der Park, -s	_____
haben	_____
brauchen	_____
suchen	_____
nehmen	_____
kaufen	_____
kosten	_____
wünschen	_____
möchte	_____
hätte	_____

Weitere Wörter その他

der Baum, ⸚e	_____	Schönen Tag noch!	_____
nur	_____	Das wär's.	_____
wahrscheinlich	_____	Einen Moment, bitte.	_____
vielleicht	_____	Danke, gleichfalls.	_____
sicher	_____	Bitte schön.	_____
in der Nähe von ...	_____	Danke schön.	_____
Es tut mir leid.	_____	Hier bitte.	_____

Reflexion

Kreuzen Sie die passenden Aussagen an. 適当なものに×印をつけましょう。

- Die Aussprache 　発音の区別ができますか。　o, u
  - ☐ Kein Problem. 問題なし　　☐ Es geht. まあまあ　　☐ Mehr Übung. 練習が必要
- Neuer Wortschatz 語彙　　☐ Kein Problem.　　☐ Es geht.　　☐ Mehr Übung.
- Neue Grammatik 文法　　☐ Kein Problem.　　☐ Es geht.　　☐ Mehr Übung.

Tipp!

買い物の際に、品物の名称をドイツ語で言ってみましょう。

Lektion 6 Machen wir einen Termin!

Übungen

1 時刻を書き入れましょう。

1) Viertel nach drei _____   2) zwei Uhr zwanzig _____

3) halb sieben _____   4) fünf vor neun _____

5) zehn nach zwölf _____   6) einundzwanzig Uhr _____

2 am, um, in, nach, vor を選んで入れましょう。

1) Was machst du _____ Samstag?

2) _____ Nachmittag jobbe ich.

3) Wir treffen uns _____ halb sieben.

4) _____ der Nacht lese ich Comics.

5) Hast du _____ der Arbeit noch Lust?

6) Essen wir _____ dem Film Sandwich oder so etwas!

3 動詞を変化させて入れましょう。

1) Mein Sohn _____ ins Kino gehen.　möchte

2) Wann und wo _____ wir uns?　treffen

3) Das _____ mir nicht gut.　passen

4) Wo _____ du am Nachmittag?　jobben

5) Der Anime „Conan" _____ jetzt.　laufen

6) Was _____ sie（彼女）gern?　essen

7) _____ deine Mutter in Berlin?　arbeiten

4 日本語を参考に、適切な前置詞を補いましょう。

1) _____ der Uni gehe ich _____ Hause.　大学の後、家に帰る。

2) Ich möchte _____ dir ins Kino gehen.　君と映画に行きたい。

3) _____ drei _____ acht Uhr jobbe ich im Supermarkt.
3時から8時までスーパーでアルバイトをする。

4) _____ Sonntag gehe ich _____ Uni.　日曜日に大学へ行く。

5 主語に合わせて書き換えましょう。

1) Ich esse gern Obst.　→ Mein Vater _____

2) Ich treffe meinen Freund.　→ Er _____

3) Ich spreche gern Deutsch.　→ Du _____

4) Ich schlafe lange.　→ Er _____

6 動詞を変化させてドイツ語にしましょう。

1) その映画は今上映しています。　　　　　der Film/laufen/jetzt

_____

2) カフェでウェイターとしてアルバイトをしています。im Café/als Kellner/jobben/ich

_____

Wortschatz und Ausdruck

Wochentag 曜日／朝昼晩

der Sonntag, -e　　　_____

der Montag, -e　　　_____

der Dienstag, -e　　　_____

der Mittwoch , -e　　　_____

der Donnerstag, -e　　　_____

der Freitag, -e　　　_____

der Samstag, -e　　　_____

das Wochenende, -n　　　_____

die Woche, -n　　　_____

der Morgen, -　　　_____

der Vormittag, -e　　　_____

der Mittag, -e　　　_____

der Nachmittag, -e　　　_____

der Abend, -e　　　_____

die Nacht, ¨e　　　_____

am + 曜日／朝・昼・晩　　　_____

in der Nacht　　　_____

Uhrzeit 時刻

Viertel vor ...　　　_____

Viertel nach ...　　　_____

halb　　　_____

gegen　　　_____

Uhr　　　_____

um + 時間　　　_____

Wie spät ist es?　　　_____

von ... bis ...　　　_____

Termin 約束

der Termin, -e　　　_____

die Lust　　　_____

die Zeit　　　_____

treffen　　　_____

passen　　　_____

Weitere Wörter その他

in der Nähe von　　　_____

laufen　　　_____

schlafen　　　_____

besuchen　　　_____

etwas　　　_____

natürlich　　　_____

Bis dann!　　　_____

Na ja.　　　_____

Reflexion

Kreuzen Sie die passenden Aussagen an. 適当なものに×印をつけましょう。

- Die Aussprache　発音ができますか。　　e, i
  - ☐ Kein Problem. 問題なし　　☐ Es geht. まあまあ　　　☐ Mehr Übung. 練習が必要
- Neuer Wortschatz 語彙　☐ Kein Problem.　　☐ Es geht.　　☐ Mehr Übung.
- Neue Grammatik 文法　☐ Kein Problem.　　☐ Es geht.　　☐ Mehr Übung.

Tipp!

時計を見たときはいつもドイツ語にしてみましょう。

Reflexion von Lektion 1 bis 6

Sprechen Sie aus. 発音できるものに×印をつけましょう。

☐ <u>L</u>and ☐ <u>r</u>ot ☐ <u>Sch</u>wester ☐ <u>Sp</u>ort ☐ <u>Str</u>aße ☐ <u>B</u>ein ☐ <u>W</u>ein

☐ <u>m</u>ein ☐ <u>n</u>ein ☐ <u>Ohr</u> ☐ <u>Uhr</u> ☐ <u>E</u>nd ☐ <u>I</u>talien ☐ <u>fah</u>ren

Welchen Wortschatz und Ausdruck können Sie benutzen? これらの語彙と表現を使えますか。

- Begrüßung 挨拶 ☹ 1, 2, 3, 4, 5 ☺
- Kennenlernen 初対面のやりとり ☹ 1, 2, 3, 4, 5 ☺
- Selbstvorstellung 自己紹介 ☹ 1, 2, 3, 4, 5 ☺
- Hobby 趣味 ☹ 1, 2, 3, 4, 5 ☺
- Familienvorstellung 家族紹介 ☹ 1, 2, 3, 4, 5 ☺
- einen Termin machen 約束 ☹ 1, 2, 3, 4, 5 ☺

Welche Grammatik können Sie benutzen?　どの文法が使えますか。

- ich, du, Sie の動詞の語尾変化 ☹ 1, 2, 3, 4, 5 ☺
- 不規則変化動詞 sprechen, lesen, fahren, laufen, nehmen の du, er/sie の活用 ☹ 1, 2, 3, 4, 5 ☺
- mein, dein（所有冠詞）と kein（否定冠詞） ☹ 1, 2, 3, 4, 5 ☺
- ein/eine/ein（不定冠詞）と der/die/das（定冠詞） ☹ 1, 2, 3, 4, 5 ☺
- Nominativ（1格）と Akkusativ（4格） ☹ 1, 2, 3, 4, 5 ☺
- um + 時間 、am + 朝・昼・晩 、am + 曜日 （前置詞と名詞の結びつき） ☹ 1, 2, 3, 4, 5 ☺

> 高評価の部分を伸ばすようにしましょう。自信のない部分は復習し、意識して学びましょう。
> 大事なのは楽しみながら学ぶことです。

Lernen wir zusammen!

1 家具を4個、家電を4個、冠詞を付けて書きましょう。

家具：_____ _____ _____ _____

家電：_____ _____ _____ _____

2 助動詞を変化させて入れましょう。

1) Meine Kinder _____ Hausaufgaben machen.   müssen

2) _____ Sie Tennis spielen?   können

3) Ich _____ nach Hause gehen.   müssen

4) Er _____ sehr gut Deutsch sprechen.   können

5) _____ du Rad fahren?   können

3 動詞を変化させて入れましょう。

1) Was _____ du gern am Wochenende?   machen

2) _____ Sie auch das Zimmer gemütlich?   finden

3) _____ du bald einen Test?   haben

4) Mein Sohn _____ oft fleißig Englisch.   lernen

5) Ich _____ es nicht.   wissen

4 助動詞を使って文を書き換えましょう。

例 Ich spreche gut Deutsch.   können → Ich kann gut Deutsch sprechen.

1) Warum lernst du Deutsch?   möchte

_____

2) Schwimmt dein Bruder sehr gut?   können

_____

3) Ich bleibe jetzt zu Hause.   müssen

_____

5 動詞を変化させてドイツ語にしましょう。

1) テレビは新しくてとても大きい。   der Fernseher/sein/neu/sehr groß/und

_____

2) その本はつまらない。   das Buch/ich/finden/langweilig

_____

3) 午前中、彼女は宿題をしなければならない。   sie/am Vormittag/Hausaufgaben/machen/müssen

_____

6 間違いに下線を引いて正しく書き直しましょう。

1) Wissen du was? → _____

2) Ich können gut Fußball spielen. → _____

3) Wir müssen lernen Deutsch. → _____

4) Es gibt hier kein Stuhl. → _____

Wortschatz und Ausdruck

Wohnung 住まい

die Wohnung, -en _____

das Zimmer, - _____

das Wohnzimmer, - _____

das Schlafzimmer, - _____

das Badezimmer, - _____

das Kinderzimmer, - _____

das Bad, ⁻er _____

die Toilette, -n _____

der Flur, -e _____

die Küche, -n _____

die Möbel （複）家具

das Bett, -en _____

der Stuhl, ⁻e _____

der Tisch, -e _____

das Bücherregal, -e _____

das Sofa, -s _____

der Schrank, ⁻e _____

Elektrogeräte （複）家電

der Fernseher, - _____

die Heizung, -en _____

das Elektrogerät, -e _____

der Kühlschrank, ⁻e _____

die Waschmaschine, -n _____

die Klimaanlage, -n _____

der Computer, - _____

der CD-Player, - _____

das Computerspiel, -e _____

Adjektive 形容詞

groß _____

klein _____

praktisch _____

unpraktisch _____

neu _____

alt _____

lang _____

kurz _____

gut _____

schlecht _____

schön _____

hässlich _____

sauber _____

schmutzig _____

leicht _____

schwer _____

teuer _____

billig _____

gemütlich _____

Modalverben 助動詞

können _____

müssen _____

Weitere Wörter その他

der Traum, ⁻e _____

es gibt + 4格 _____

das Fenster, - _____

das Bild, -er _____

die Uhr, -en _____

der Kalender, - _____

wissen	_____	denn	_____
bleiben	_____	bald	_____
sehr	_____	bei mir zu Hause	_____
zuerst	_____	Gute Idee!	_____

Reflexion

Kreuzen Sie die passenden Aussagen an. 適当なものに×印をつけましょう。

- Die Aussprache 発音ができますか。 a, au, o, u + ch

  □ Kein Problem. 問題なし □ Es geht. まあまあ □ Mehr Übung 練習が必要

- Neuer Wortschatz □ Kein Problem. □ Es geht. □ Mehr Übung.

- Neue Grammatik □ Kein Problem. □ Es geht. □ Mehr Übung.

Tipp!

自宅の身の回り品をドイツ語で言ってみましょう。知らないものは調べてポストイットに書いて貼っておきましょう。

Wie komme ich am besten nach Kyoto?

Übungen

1 乗り物の単語を6個、冠詞を付けて書きましょう。

1) _____   2) _____   3) _____

4) _____   5) _____   6) _____

2 動詞を変化させて入れましょう。

1) Ich _____ im Supermarkt _____.   einkaufen

2) Meine Eltern _____ in München _____.   ankommen

3) _____ du in Shinjuku die Yamanote-Linie?   nehmen

4) Sie （彼女） _____ Mari und _____ ins Kino.   treffen/gehen

5) _____ du gut Fahrrad _____?   können/fahren

6) Wir _____ jetzt in Hakone.   sein

7) Er _____ in Shibuya ein T-Shirt kaufen.   möchte

8) _____ Sie morgen einen Termin?   haben

9) Wo _____ du _____ ?   umsteigen

10) Du _____ mich heute Abend _____ .   müssen/anrufen

3 主語を変えて書き換えましょう。

1) Ich gehe einkaufen und rufe dich an.   → er

_____

2) Was hast du in Kyoto vor?   → Sie

_____

3) Ich nehme den Bus.   → Taro

_____

4) Ich sehe heute Abend fern.   → mein Bruder

_____

5) Ich fahre direkt nach Tokyo.   → der Bus

_____

4 動詞を変化させてドイツ語にしましょう。

1) 君は明日新宿で約束があるの？ einen Termin/in Shinjuku/morgen/du/haben

_____

2) ぼくたちの先生（男性）はどこで降りるのですか？ unser Lehrer/aussteigen/wo

_____

3) 東京から金沢へ行くにはどの経路がベストですか？

ich/wie/am besten/kommen/von Tokyo/bis Kanazawa

_____

Wortschatz und Ausdruck

Fahrzeuge 乗り物

das Fahrzeug, -e _____

das Flugzeug, -e _____

der Zug, ⸚e _____

die Bahn, -en _____

die Straßenbahn, -en _____

die S-Bahn, -en _____

die U-Bahn, -en _____

der Bus, -se _____

das Taxi, -s _____

das Schiff, -e _____

das Motorrad, ⸚er _____

nehmen _____

fahren _____

kommen _____

mit + 乗り物 _____

zur / zum + 場所 _____

nach + 国 / 地名 _____

zu Fuß _____

von … bis … _____

Weitere Wörter その他

das Gebäude, - _____

die Bibliothek, -en _____

das Kaufhaus, ⸚er _____

die Kultur, -en _____

Europa _____

um|steigen _____

ein|kaufen _____

an|rufen _____

fern|sehen _____

an|kommen _____

vor|haben _____

zuerst _____

dann _____

danach _____

hier _____

da _____

dort _____

direkt _____

man _____

am besten _____

ganz einfach _____

Viel Spaß! _____

Dir auch. _____

Reflexion

Kreuzen Sie die passenden Aussagen an. 適当なものに×印をつけましょう。

- Die Aussprache 発音ができますか。 au, äu, ei, eu

  ☐ Kein Problem. 問題なし ☐ Es geht. まあまあ ☐ Mehr Übung. 練習が必要

- Neuer Wortschatz 語彙 ☐ Kein Problem. ☐ Es geht. ☐ Mehr Übung.

- Neue Grammatik 文法 ☐ Kein Problem. ☐ Es geht. ☐ Mehr Übung.

Tipp!

夢の旅行を計画してみましょう。どうやって行きますか？

Kann ich heute etwas später nach Hause kommen?

Übungen

1 次の単語に冠詞を付けてドイツ語にしましょう。

1) スカート _____   2) ジャケット _____

3) ズボン _____   4) 靴 _____

5) 白い _____   6) 黄色の _____

2 助動詞、動詞を変化させて入れましょう。

1) _____ ich hier tanzen?   dürfen

2) Meine Tochter _____ jetzt zum Arzt gehen.   müssen

3) Wo _____ man hier in der Nähe _____?   können/anrufen

4) Er _____ am Nachmittag Hausaufgaben _____.   wollen/machen

5) Sie（あなた）_____ hier nicht _____.   dürfen/essen

6) _____ du am Wochenende Fußball _____?   möchte/spielen

7) Die Schüler _____ für den Test _____.   müssen/lernen

3 動詞、助動詞を必要に応じて変化させ、ドイツ語にしましょう。

1) 父は明日早く起きるつもりだ。   mein Vater/morgen/früh/aufstehen/wollen

_____

2) ここで水を飲んでもいいですか？   ich/dürfen/hier/Wasser/trinken/?

_____

3) 今日は母の誕生日です。   meine Mutter/heute/Geburtstag/haben

_____

4) 駅で君は絶対に家に電話しなければならない。

du/am Bahnhof/unbedingt/zu Hause/müssen/anrufen

_____

4 正しい前置詞を入れましょう。

1) Die Kinder dürfen nicht spät _____ Hause kommen.   子供たちは遅く帰宅してはいけない。

2) _____ zwei Uhr kaufe ich ein.   2時ごろに買い物をする。

3) Ich möchte _____ Lisa tanzen gehen.   リサと踊りに行きたい。

5 語順や形の間違いが5つあります。間違いに下線を引き、正しい形にしてください。

Heute gehe ich mit Lisa kaufen ein. Mein Bruder haben Geburtstag. Ich will schenke ihm ein T-Shirt. Das ist blau und das T-Shirt findet wir sehr gut. Dann muss wir zusammen für den Test lernen.

_____

_____

Wortschatz und Ausdruck

Farben 色

die Farbe, -n _____

grün _____

rot _____

schwarz _____

gelb _____

blau _____

weiß _____

golden _____

rosa _____

silbern _____

violett _____

braun _____

bunt _____

hellblau _____

dunkelblau _____

Kleidung 衣服

der Rock, ¨e _____

die Hose, -n _____

die Jeans, - _____

die Socken（複） _____

das Hemd, -en _____

die Jacke, -n _____

die Schuhe（複） _____

die Bluse, -n _____

das Kleid, -er _____

der Anzug, ¨e _____

die Krawatte, -n _____

der Pullover, - _____

die Kappe, -n _____

der Schal, -s _____

Gegenstände 身の回り品

das Handy, -s _____

der Stift, -e _____

das Buch, ¨er _____

die Comics（複） _____

die PET-Flasche, -n _____

das Heft, -e _____

das Tuch, ¨er _____

der Schlüssel, - _____

die Brille, -n _____

der Ohrring, -e _____

die Tasche, -n _____

die Kette, -n _____

die Armbanduhr, -en _____

Modalverben 助動詞

wollen _____

dürfen _____

nicht dürfen _____

nicht müssen _____

Weitere Wörter その他

auf|stehen _____

ab|holen _____

frühstücken _____

beginnen _____

zu Mittag essen _____

Abendbrot essen _____

Hausaufgaben machen _____

Unterricht haben _____

spät _____

früh _____

nach Hause _____

Kreuzen Sie die passenden Aussagen an. 適当なものに×印をつけましょう。

- Die Aussprache 　発音ができますか。 　-b [p], -d [t] , -g [k]

  ☐ Kein Problem. 問題なし　　☐ Es geht. まあまあ　　　☐ Mehr Übung. 練習が必要

- Neuer Wortschatz 語彙　　☐ Kein Problem.　　☐ Es geht.　　☐ Mehr Übung.

- Neue Grammatik 文法　　☐ Kein Problem.　　☐ Es geht.　　☐ Mehr Übung.

Tipp!

今日は何をしたくて、何をしなくてはいけませんか？クラスの友達にドイツ語で LINE などで送ってみましょう。

Was hast du in den Ferien gemacht?

Übungen

1 日本語はドイツ語に、ドイツ語は日本語にしましょう。

1) Frühling _____
2) Winter _____
3) 秋 _____
4) 夏 _____
5) März _____
6) letzten Monat _____
7) 5月 _____
8) 昨年 _____

2 不定詞を書きましょう。

1) gesehen _____
2) getroffen _____
3) gemacht _____
4) gejobbt _____
5) eingekauft _____
6) studiert _____

3 haben の変化形を入れ、現在完了形の文にしましょう。

1) _____ Sie schon das Buch gelesen?

2) Was _____ du studiert?

3) Wir _____ den Film gesehen.

4) Gestern _____ ich mit den Freunden Fußball gespielt.

5) Wo _____ deine Eltern 2001 gelebt?

4 動詞を過去分詞にして、現在完了形の文にしましょう。

1) Was hast du in den Ferien _____.   machen

2) Wann haben wir uns das letzte Mal _____?   treffen

3) Ich habe im Laden die Tasche _____.   kaufen

4) Er hat Berlin und Dresden _____.   besuchen

5) Ich habe viel _____.   essen

5 haben と sein を過去形にしましょう。

1) Ich bin in Bremen. _____

2) Sie hat keine Zeit. _____

3) Bist du zu Hause? _____

4) Haben Sie Fieber? _____

6 haben の変化形を加えて完了形の文にしましょう。

1) マリが昨日私に電話をかけてきました。   Mari/gestern/mich/anrufen

_____

2) あなたはミュンヘンでビールを飲みましたか？   Sie/in München/Bier/trinken/?

_____

Wortschatz und Ausdruck

Jahreszeiten 四季

der Frühling, -e   _____

der Sommer, -   _____

der Herbst, -e   _____

der Winter, -   _____

Monate 月

der Januar, -e   _____

der Februar, -e   _____

der März, -e   _____

der April, -e   _____

der Mai, -e   _____

der Juni, -s   _____

der Juli, -s   _____

der August, -e   _____

der September, -   _____

der Oktober, -   _____

der November, -   _____

der Dezember, -   _____

Präteritum 過去

war < sein   _____

hatte < haben   _____

Perfekt 過去分詞

gemacht < machen   _____

gespielt < spielen   _____

getanzt < tanzen   _____

gekocht < kochen   _____

gelesen < lesen   _____

geschlafen < schlafen   _____

getragen < tragen   _____

gesungen < singen   _____

angefangen < an|fangen   _____

ferngesehen < fern|sehen   _____

getrunken < trinken   _____

getroffen < treffen   _____

besucht < besuchen   _____

verstanden < verstehen   _____

studiert < studieren   _____

Weitere Wörter その他

die Ferien（複）   _____

das letzte Mal   _____

nächstes Mal   _____

mögen   _____

vorgestern   _____

gestern   _____

heute   _____

morgen   _____

übermorgen   _____

diese Woche   _____

nächste Woche   _____

letzte Woche   _____

letzten Monat   _____

letztes Jahr   _____

aus Leder   _____

aus Plastik   _____

schon einmal   _____

welcher   _____

dieser   _____

wann   _____

Wie schön!   _____

Stimmt.   _____

Lange nicht gesehen.   _____

Reflexion

Kreuzen Sie die passenden Aussagen an. 適当なものに×印をつけましょう。

- Die Aussprache　発音ができますか。　f, v, w
  ☐ Kein Problem. 問題なし　　☐ Es geht. まあまあ　　☐ Mehr Übung. 練習が必要
- Neuer Wortschatz 語彙　　　☐ Kein Problem.　　☐ Es geht.　　☐ Mehr Übung.
- Neue Grammatik 文法　　　☐ Kein Problem.　　☐ Es geht.　　☐ Mehr Übung.

Tipp!

今日何をしましたか。独りで最後までドイツ語で言ってみましょう。その後、教科書や辞書で確認しましょう。

29

Übungen

1 ドイツ語は日本語に、日本語はドイツ語にしましょう。

1) 昨日 _____

2) 明日 _____

3) 今日 _____

4) diese Woche _____

5) fliegen _____

6) aufwachen _____

2 不定詞を書きましょう。

1) gegangen _____

2) gekommen _____

3) gefahren _____

4) eingeschlafen _____

5) ausgestiegen _____

3 sein の変化形を入れ、現在完了形の文にしましょう。

1) Ich _____ am Sonntag nach Hokkaido gefahren.

2) _____ du gestern zu Hause geblieben?

3) Von Montag bis Freitag _____ er zur Uni gegangen.

4) Wann _____ dein Mann gestern nach Hause gekommen?

5) Am Wochenende _____ wir zu den USJ gegangen.

4 動詞を過去分詞にして、文を完成しましょう。

1) Fast alle Studenten sind im Unterricht nicht _____. einschlafen

2) Um 8 Uhr ist meine Mutter in Shinjuku _____. ankommen

3) Wo sind Sie _____? umsteigen

4) Letzten Samstag ist er mit Lisa ins Kino _____. gehen

5) Wann ist dein Kind _____? aufstehen

5 haben または sein の変化形を入れましょう。

A: Was _____ du letzte Woche gemacht?

B: Letzten Montag _____ ich nach Shibuya gefahren und _____ meine Freunde getroffen.

A: Was _____ ihr dort gemacht?

B: Wir _____ in Shibuya Karaoke gesungen. Am Donnerstag _____ ich zur Uni gegangen und _____ viel gelernt.

6 haben または sein を加えてドイツ語にしましょう。

1) 昨晩は何を食べたの？   gestern Abend/was/du/essen/?

_____

2) 学生たちは夜遅くまで歌ったり踊ったりしていた。 die Studenten/bis spät/singen/tanzen/und

_____

3) 母は午前中医者へ行った。   meine Mutter/am Vormittag/zum Arzt/gehen

_____

Wortschatz und Ausdruck

Perfekt 過去分詞

gekommen ＜ kommen   _____

gegangen ＜ gehen   _____

gefahren ＜ fahren   _____

geflogen ＜ fliegen   _____

aufgestanden ＜ auf|stehen _____

aufgewacht ＜ auf|wachen   _____

eingeschlafen ＜ ein|schlafen_____

ausgestiegen ＜ aus|steigen _____

angesprochen ＜ an|sprechen_____

eingekauft ＜ ein|kaufen   _____

Weitere Wörter その他

die Öko-Tasche, -n   _____

die Brücke, -n   _____

der König, -e   _____

die Fähre, -n   _____

Reflexion

Kreuzen Sie die passenden Aussagen an. 適当なものに×印をつけましょう。

● Die Aussprache   発音ができますか。ä, ö, ü

　□ Kein Problem. 問題なし   □ Es geht. まあまあ   □ Mehr Übung. 練習が必要

● Neuer Wortschatz 語彙   □ Kein Problem.   □ Es geht.   □ Mehr Übung.

● Neue Grammatik 文法   □ Kein Problem.   □ Es geht.   □ Mehr Übung.

Tipp!

今日どこに行って、そこで何をしましたか？自分のできる表現で短い日記を書いてみましょう。
友達と交換日記をするのもおすすめです。

Heute möchte ich Ihnen eine Stadt in Deutschland vorstellen.

Übungen

1 冠詞を付けてドイツ語にしましょう。

1) 教会 _____

2) 市庁舎 _____

3) 大聖堂_____

4) 建物 _____

5) 名所 _____

6) クリスマス市_____

2 西暦を数字で書きましょう。

1) zweitausendsechsundzwanzig

_____

2) sechzehnhundertvierundsechzig

_____

3) neunzehnhundertneunundneunzig

_____

4) elfhundertzweiundneunzig

_____

3 適切な人称代名詞を入れましょう。

1) Hat er _____ einen Computer gekauft?　　君に

2) Meine Freundin stellt _____ die Stadt vor.　　私に

3) Gefällt _____ Deutschland sehr gut?　　あなたに

4) Ich danke _____ herzlich.　　彼に

5) Stollen hat _____ auch gut geschmeckt.　　私に

4 例のように現在形に変えましょう。

例 Gestern hatte ich Geburtstag.　　heute → Heute habe ich Geburtstag.

1) Ich habe gestern Englisch gelernt.　　heute

_____

2) Wo warst du vorgestern?　　jetzt

_____

3) Meine Eltern sind gestern Abend ins Kino gegangen.　　heute Abend

_____

5 Dialogtext を参考に都市紹介を書きましょう。

Heute möchte ich Ihnen _____ vorstellen. _____

_____

_____

_____

_____

_____

_____

Wortschatz und Ausdruck

Stadtvorstellung 都市紹介

das Gebäude, -   _____

die Sehenswürdigkeit, -en   _____

die Kirche, -n   _____

der Dom, -e   _____

das Rathaus, ⁻er   _____

der Markt, ⁻e   _____

der Weihnachtsmarkt, ⁻e   _____

die Person,-en   _____

die berühmte Person   _____

der Dichter, -   _____

die Dichterin, -nen   _____

der Komponist, -en   _____

die Komponistin, -nen   _____

kennen   _____

vor|stellen   _____

gefallen   _____

reisen   _____

schmecken   _____

empfehlen   _____

Vielen Dank für Ihre Aufmerksamkeit.

      _____

seit   _____

es gibt + 4格   _____

wir haben + 4格   _____

bekannt   _____

wurde … geboren   _____

数字 Meter hoch   _____

Weitere Wörter その他

die Süßigkeit, -en   _____

der Glühwein   _____

der Stollen, -   _____

die Bratwurst, ⁻e   _____

die Pommes (frites)（複） _____

die Heimat   _____

die Landeshauptstadt, ⁻e   _____

die Größe   _____

die Bevölkerung   _____

etwas Neues   _____

weh|tun   _____

froh   _____

überrascht   _____

traurig   _____

ärgerlich   _____

enttäuscht   _____

Reflexion

Reflektieren Sie und kreuzen Sie an.

ふり返りましょう。どのくらいできるようになったか×印をつけましょう。

- meine Sachen beschreiben 身の回り品を描写する   ☹ 1 , 2 , 3 , 4 , 5 ☺
- über meinen Tag erzählen 私の１日を説明する   ☹ 1 , 2 , 3 , 4 , 5 ☺
- über gestern erzählen 昨日のことを説明する   ☹ 1 , 2 , 3 , 4 , 5 ☺
- eine Stadt vorstellen 都市を紹介する   ☹ 1 , 2 , 3 , 4 , 5 ☺

Fragen Sie Ihren Nachbarn. 隣の人に聞いてみましょう。

- Hat Ihnen Deutsch Spaß gemacht? ドイツ語は楽しかったですか。

  ☐ Ja. ☐ Es geht. ☐ Nein.

- Möchten Sie weiter Deutsch lernen? ドイツ語をもっと学習したいですか。

  ☐ Ja. ☐ Es geht. ☐ Nein

- Wenn ja, wie? _____

Reflexion von Lektion 7 bis 12

Sprechen Sie aus und kreuzen Sie den Buchstaben an.　発音できるものに×印をつけましょう。

☐ do<u>ch</u>　☐ <u>ei</u>ns　☐ <u>heu</u>te　☐ H<u>äu</u>ser　☐ <u>Au</u>to　☐ hal<u>b</u>　☐ sin<u>d</u>　☐ ma<u>g</u>

☐ <u>F</u>amilie　☐ <u>W</u>elt　☐ <u>V</u>olk　☐ M<u>ä</u>rchen　☐ möchte　☐ fünf

Welchen Wortschatz und Ausdruck können Sie benutzen?　これらの語彙と表現を使えますか。

Gegenstände beschreiben　身の回り品の描写　　　　　　　☹ 1，2，3，4，5 ☺

Zeigen, wie man mit der Bahn zu einem Ort kommen kann.　　☹ 1，2，3，4，5 ☺

電車利用で目的地への案内

Etwas mit Modalverben ausdrücken　「～ができる、～しなければならない」等の表現　☹ 1，2，3，4，5 ☺

Was Sie gemacht haben.　何をしたか　　　　　　　　　　☹ 1，2，3，4，5 ☺

Wohin Sie gefahren sind.　どこへ行ったか　　　　　　　☹ 1，2，3，4，5 ☺

Eine Stadtvorstellung　都市紹介　　　　　　　　　　　☹ 1，2，3，4，5 ☺

Welche Grammatik können Sie benutzen? どの文法が使えますか？

話法の助動詞（müssen/können/wollen/dürfen/möchte）の人称変化　☹ 1，2，3，4，5 ☺

分離動詞の使い方　　　　　　　　　　　　　　　　　　☹ 1，2，3，4，5 ☺

不規則動詞（treffen, essen など）の活用　　　　　　　　☹ 1，2，3，4，5 ☺

前置詞（nach + 国・地名 / von + 場所 / zum / zur + 場所 、bis + 場所 / von … bis + … 時間・場所 ）

　　　　　　　　　　　　　　　　　　　　　　　　　☹ 1，2，3，4，5 ☺

現在完了形（sein/haben の使い分けと過去分詞の作り方）　☹ 1，2，3，4，5 ☺

過去形（sein/haben の人称変化）　　　　　　　　　　　☹ 1，2，3，4，5 ☺

人称代名詞（ich/du/er/sie/wir/Sie）の３格　　　　　　　☹ 1，2，3，4，5 ☺

Was macht Ihnen beim Deutschlernen viel Spaß? ドイツ語学習で何が楽しいですか。

☐ Sprechen　☐ Hören　☐ Lesen　☐ Schreiben　☐ Kommunizieren

das Lehrbuch, ⁻er   _____

das Kursbuch, ⁻er   _____

das Arbeitsbuch, ⁻er   _____

die Hausaufgabe, -n (=HA) _____

das Wörterbuch, ⁻er   _____

die Seite, -n   _____

lernen   _____

sprechen   _____

schreiben   _____

lesen   _____

hören   _____

sagen   _____

erzählen   _____

wiederholen   _____

fragen   _____

antworten   _____

arbeiten   _____

öffnen   _____

schließen   _____

Ordnen Sie zu.   _____

Kreuzen Sie an.   _____

Markieren Sie.   _____

Hören Sie gut zu.   _____

Sprechen Sie nach.   _____

Machen Sie einen Dialog.   _____

Richtig!   _____

Falsch!   _____

先生に言ってみよう

Herr X/Frau Y, ich habe eine Frage!   _____

Alles klar.   _____

Kein Problem.   _____

Ich verstehe das nicht.   _____

Ich weiß es nicht.   _____

Wie heißt A auf Deutsch?   _____